大人のためのシュタイナー教育講座
2002年3月発行号
第3期　NO.4　通巻16号

シュタイナーに学ぶ「グローバリゼーションと人智学運動」

表紙デザイン／山下知子
本文デザイン／STUDIO Y2（藁谷尚子　市川瑞紀）
表紙カバー絵／中村トヨ　本文イラスト／御手洗仁美

第3期

皆さま、おげんきですか？

シュタイナーに学ぶ通信講座によせて

2002年3月15日号

皆さま、おげんきですか？

皆さまがこのブックレットを手に取られる頃には、もうそこここで春の兆《きざ》しが見えることでしょう。皆さまはセント・パトリックという人の名をお聞きになったことがありますか？　彼はアイルランド生まれの守護聖人です。3月17日は彼の誕生日ですが、欧米ではこの日、緑色の衣服を身に着ける習わしがあります。それは、灰色の空に閉ざされた長い冬の日々と別れを告げる日でもあります。人は昔から皆、顔を出し始めた植物の若い芽を喜び、称《たた》えて緑色の衣服を身に着けたのですね。…その日、緑色の衣服を身に着けていないと、「ピタン！」と叩《たた》かれるのですよ…子どもたちの間には、そんな約束事があるのです。…あーら、もう春が来るっていうのに、あなたはなーんにも用意が整っていないのね。しっかりしなさい！…とでもいう意味なのでしょうか？

世界中の子どもたちが、春の訪れをこんなふうに弾《はず》むように、楽しい気持で迎えられるといいなあー、と思います。そのためにわたしは何ができるでしょうか？

アフガニスタンではタリバン政権が倒れ、さまざまな民族の代表者が集まって、暫定的《ざんていてき》な政府が樹立され、国つくりが始められました。長い戦乱の後に訪れた静かなとき、希望のとき、平和なときを、どれほどアフガニスタンの人々は待ちこがれていたことでしょう。新聞、雑誌、テレビで見るどの顔も輝いています。なによりもわたしの胸を打ったのは、長い間教育を受ける権利を奪われていた女の子、女の人たちが、嬉々として学校へ通う姿と、彼等の明るい笑顔でした。

「医者になって建国のための力になりたいと思っています。わたしは今21歳ですが、医者になるまで結婚せずに勉強を続けます」。アフガニスタンの女の人の平均結婚年齢は17歳だと聞きました。彼女の決意がどれほど大きいものか、窺（うかが）われますね。「ずーっと勉強したいと思っていたんですよ。ようやく学校へ行かれるようになって、本当に嬉しい！」

今、アフガニスタンの女性たちは国つくりのために、結婚以外の生きる道を歩き始めたのです。暫定政府の閣僚にも二人の女性が加わっています。民族、宗教、文化の違いを乗りこえて、アフガニスタンで暮らす人々が、彼等の理想とする国をつくることができますように、そして、世界中の国々が、自国のエゴイズムを克服してその手助けができますように。そして、わたしはわたしの内にあるエゴイズムを克服して、必要な手助けをしようと決めています。

11月20日

神奈川県から、はるばる「シュタイナーいずみの学校」へ入学を希望する子どもさんが、お母さんと一緒に「ひびきの村」を訪ねてきました。転入学を希望される子どもさんには、わたしたちは是非、体験入学をしてください、とお願いしています。彼は小学1年生の2学期から学校へ行くことを拒み続け、市内にある不登校の子どもたちのための教室へ通っていたとお母さんが話していました。

「こんな生活を続けていたら、僕は人間としてダメになってしまう、って思いました。だから勉強したいんです！」

授業が終わってみんなが下校し、しーんと静まり返った教室で、彼はわたしにそう訴えました。そ

メッセージ ______________________

してわたしは応えました。「そうね、勉強しましょうね。人間として生きるために必要なことを学びましょうね。そして、あなたが世界に対して担っている役割を果たしましょうね。わたしたちは全力であなたを助けるわ」

…人間として生きるためには学ばなければならない…ということを、彼はだれに教えられたのでもなく、分かっているのでした。また、わたしたちの許にエンジェルがやってくる…高い高い精神を携《たずさ》えて…

わたしは厳粛《げんしゅく》な気持に包まれていました。

11月23日

福井県の福井市で3～4年の間、保育の仕事をされてきた「いずみ保育園」の先生方が、研修にいらしてくださいました。副園長の加藤先生とお嬢さんが「ひびきの村」を訪ねてくださったのは、2年前のことでした。「親しくさせていただいている、名古屋の「やまさと保育園」の後藤園長先生から聞いて、飛んできたんです！　日本で初めてできた人智学共同体を見たいと思って」…お出でになった理由を、加藤先生はそう話してくださいました。その後、お嬢さんのえい子さんは、大学が長い休みに入ると、たびたび「ひびきの村」にやって来て、すっかり若いスタッフの仲間になりました。爾来《じらい》、わたしを福井に招いてくださったり、ナンシーとサムの息子（当時高校1年生でした。皆さま覚えていらっしゃるでしょうか？）のニコに、園の壁画を描かせてくださったり、リムナタラ農場の作物を大量に買ってくださったり…と、加藤先生はさまざまな形で「ひびきの村」を支えてくださっています。

実際の保育の現場で向き合っているさまざまな困難について話合い、夕食会ではスタッフと歓談し、翌日は農場で農作業をし、「こどもの園」で実習し…「いずみ保育園」の皆さまは温泉に浸かってお帰りになりました。皆さまのいきいきした様子がとても頼もしく、…先生方が持っているこの生命の力が、子どもたちにどれほどの力になっていることか…遠い日本海沿いの福井に帰られる皆さまのお働きを思い、胸が熱くなりました。

11月24日

仙台市で「インナーワーク」のワークショップを持ちました。もう3回目になります。

3年前に「ひびきの村」で行われた「インナーワーク」のワークショップに出られた武石摩耶《まや》さんは、ご自分一人ではなく仲間と一緒に「精神の進化」を遂げたい…という願いを持たれました。彼女の願いはわたしの願いでもありました。それ以来、1年に一度、仙台に伺って、ご一緒に内的な作業を続けています。1年かけて、確実に進んでおられる皆さまの存在は、わたしの大きな励みとなっています。ありがたいことです。

今年は、クリスマスを前にして、アドヴェントにちなんだワークをしました。皆さまご存じのように、アドヴェントの4週の間、わたしたちは、第1週目には「鉱物」を、第2週目には「植物」を、第3週目には「動物」を、そして、第4週目には「人間」を想って過ごします。つまり、この世に存在し、この世を成している4つの存在を深く考え、また、わたしたち人間を成している4つの要素の一つひとつを強く認識し、自らの存在を強める作業をするのです。

限られた時間の中ですべてをすることはできず、今回は主に「植物」を観察し、それをイメージした後に瞑想《めいそう》する…ワークを中心に行いました。

「すべての方が今、必要とされていることをする」という目標が達成されたかどうか心許（こころも

メッセージ＿＿＿＿＿＿＿＿＿＿＿＿＿＿＿＿

験されたと確信しています。

と）なくはありますが、参加されたそれぞれの方の「高次の自我」が働き、今必要とされることを体

11月25日

栃木県那須市の隣にある大田原で、講演会を行いました。

今回は、那須にある「創造の森」の玉野宏さんと彼のお仲間が企画してくださいました。「創造の森」には、ステキなレストランがあります。その建物は人智学的な考えに基いて設計されたものです。17年前、サクラメントを訪れた玉野さんは、ルドルフ・シュタイナー・カレッジの建物を設計されたバック氏に出会い、設計図のコピーを頂き、それを基にして地元の設計士さんと相談しながら建てられたとか…。レストランの写真を見て、カレッジの同僚達が、「フィラデルフィア・ホール（シュタイナー・カレッジの建物の名前）が日本でレストランになっている！」と言って、驚いてたことを懐かしく思い出しました。長い間人智学を学び実践されてきた玉野さんは、いつも燃えるような熱情を持ってご自分を…世界のために用立てたい…と考えておられる方です。

那須には、日本のシュタイナー幼児教育の先駆者である高橋弘子さんが素晴らしい実践をされています。２００１年9月からはイギリスから帰国された大久保せつ子さんが、治療教育を含めたシュタイナー教育の実践の準備を始められました。

素晴らしい人智学共同体の胎動が感じられます。「日本でもいよいよ、人智学がわたしたちに本質的な生き方を促す力となってきた」と感じ、那須の明るい日差しの中に、大いなる希望の光を感じながら帰ってきました。

11月26日
合同教師会が開かれました。
一月《ひとつき》に一度、「ひびきの村」の子どものための教育活動に関わるすべての人が集まって、話し合いを持ちます。「こどもの園」第一幼稚園、第二幼稚園、土曜幼稚園、「シュタイナーいずみの学校」全日制、土曜学校、「芸術教室」で仕事をしている総勢28人が、それぞれの仕事について報告し合い、問題があるときはみんなで考えます。
こうして、「ひびきの村」で行われている教育活動に携わっているわたしたちは、互いが持つ弱さ、不完全さを助け合い、支え合っています。真にありがたいことです。

11月30日
伊達市コスモスホールで「古事記」が上演されました。「ひびきの村」シュタイナー学校教員養成プログラムの受講者と、「自然と芸術と人智学」を学ぶ大人と若者のためのプログラムの受講者合わせて21人によるものです。
10月から、ニューヨーク州スプリングヴァレーにある、グリーンメドウ・シュタイナー学校の教師であるデイヴィッド・ブレア氏が、「シュタイナー学校の演劇」というテーマで行っていた授業の集大成でもありました。
「古事記」劇は、わたしがサクラメントのシュタイナー・カレッジで仕事をしていたときに始めたプロジェクトでした。カレッジでは「古事記」を人智学的に理解する作業から始まり、台本作り、配役、演技、動き（オイリュトミー）、衣装、小道具、装置などなど…すべてが、教師の力を借りながら、学生達の手で行われました。「古事記」劇は、シュタイナー・カレッジの行事として定着し、毎年楽

メッセージ ____________

しみに見に来てくださる方々が増えていたのです。

１９９６年、１９９７年の夏に「ひびき座」を結成したときにも、日本の各地で「古事記」を上演しました。戦後、特に教育の現場では避けられてきた「古事記」を何故？…そう訝（いぶか）る人もいましたが、「古事記」そのものは、わたしたちの祖先が体験した「創世記」であり、世界を理解するためには、わたしたち自身が体験する必要があると考えたからでした。

まだまだ緒《ちょ》についたばかりですが、…「古事記」に人智学の光を当てたら、何が見えるか…という作業を、わたしは今も続けています。

日本で「古事記」を創り、上演することは、シュタイナー・カレッジの「自然と芸術を学ぶプログラム」で「古事記」を体験した多くの学生達の夢でもありました。それが、今彼等の手を離れて、「ひびきの村」に集まった受講者達の手によって上演されたのです。

「古事記」を演じることはデイヴィッドの発案によるものでした。もっとも、「日本の神話」を学び演じようと提案されたとき、彼は「古事記」という名すら聞いたことがなかったのです。それから二ヶ月かけて彼と受講者達は共に学び、共に葛藤し、共に創りあげたのでした。

「シュタイナーいずみの学校」の子どもたちも招待されました。劇が始まる前にわたしは子どもたちに話しました。「今日は、日本を創られた神々様がここに集っていらっしゃるのですよ。そして、ご自分達の仕事が皆さんのお母さん、お父さんによってどのように演じられるか、とても楽しみにしていいます。ですから、神々様と一緒に、わたしたちも静かに劇を見せていただきましょうね」と…。わたしはそのとき本当に見たのです。国造りをされた神々様の姿を。

12月1日

「シュタイナーいずみの学校」の「父母と教師の会」は毎月2回行われています。子どもたちにとってより良い教育をするためには、父母と教師が共に支え合い、助け合うことが必要だと考え、月に2回、父母と教師が共に話し合いをもつことを決めました。

「シュタイナーいずみの学校」は社会三層構造の考えを基に運営されています。父母の役割と教師の役割が異なることも理解しています。ですから、互いの存在と仕事を侵すことのないように、わたしたちはそれぞれの役割を強く認識しようと努めています。けれど、いえ、だからなおのこと、全員が集まって互いの思いや考えを話し、聞き合う時間が必要だと考えたのでした。毎回、殆どの父母、教師が出席します。

今、わたしたちの目の前にある課題は、2002年1月21日に始まる3学期前に、仮校舎を建てて学校を移す、ということです。

すべての父母と教師が役割を分担し、5年生以上の子どもたちも工事に参加することにし、準備が始められました。

12月2日

今年もクリスマスの準備を始める時期になりました。

皆さまにとって、「アドヴェント・ガーデン」とは聞き慣れないことばでしょうか? これは、身体や心に困難を持っている子どもたちが、クリスマスを迎える準備をすることができるようにキャンプヒルの創設者であるカール・ケーニッヒ氏が考え出したものだと聞いています。勿論、特に困難を持たない子どもたちにとっても、それが大変力になるものであることは、言うまでもありません。

メッセージ ____________

子どもたちは、森の入り口で天使にりんごに挿《さ》されたロウソクを一本手渡されます。暗い夜道を一人で歩いて行くと、やがて森の奥に行き着き、あたりを明るく照らしている大きなローソクを見つけます。子どもたちは手に持ったロウソクに、その火を移します。そして、引き返すとき、手にしたロウソクを道ばたに置きます。その灯で後から来る人の足下《あしもと》を明るく照らすために…。

会場は樅《もみ》の木の匂いでいっぱいです。床の上に樅の木の枝で渦巻き状の道がつくられているからです。白い衣装を着た天使が、子どもたち一人ひとりの手を引いて渦巻きの入り口まで導いてくれます。

さあ、勇気を出して進みなさい！　信頼して歩いていったら、その先には大きな灯火（ともしび）が待っているよ！　その火をあなたのローソクに移し、そして、それを後から来る人のために置いてくるのですよ！

静かなライアーの音が流れる暗がりの中で、子どもたちはどれほど大きな勇気と、心からの信頼と、深い愛を体験することでしょう！

12月4日

「ひびきの村」では、さまざまな部署で、さまざまな仕事が成《な》され、そのために数々のミーティングが持たれています。その中でも、月に2回行われる定例会にはすべてのスタッフが出席して、それぞれの近況や仕事が報告されます。課題があれば共に考え、話し合います。行事の準備をすることもあります。そして、定例会では学ぶことも大切にされています。今年はルドルフ・シュタイナー著「自由の哲学」を読んでいます。3人が一つのグループになって、それぞれが一講を担当します。自分たちの体験と結びつけて話すグループ、「3人の対話」の形式でそれぞれの考えを発表するグループ、寸劇をするグループ、音楽、絵、動きで表現するグループ等々…。

仕事をするときとは違った緊張感、楽しさ、おもしろさがあり、わたしたちは仲間の発表をとても楽しみにしています。それは共同体で暮らす至福を味わえる瞬間でもあります。ありがたいことです。

12月6日

「ひびきの村」のスタッフになりたい、とおっしゃる方とお会いし、話をしました。

「生まれてからずっと、わたしは母親から強い影響を受け続け、母親に言われるままに生きてきました。そして今ようやくそのことに気がついたのです。わたしは自由になりたいのです。自由に生きたいのです。母親の制止を振り切ってきました。生まれてはじめてのことです。怖かったけれど、決めたらできました。『わたしは自由になるんだ』と決めました」

…35歳を過ぎてなお、「生きる意味」を問い続け、「生きる目的」を探してここへ来た…と一心に話してくださいました。

午前中は「自然と芸術と人智学を学ぶプログラム」の教室で、午後は事務局で、どんなときにも、どんなことにも一所懸命な彼女の姿が見られます。

12月8日

長野市で行う講演会「家庭でできるシュタイナー教育」で話をするために、千歳から東京に飛び一泊、8日の朝、新幹線に乗って東京駅を発ちました。長野駅から信越本線に乗り換え、牟礼《むれ》駅に下り立つと、目の前に、うっすらと雪をかぶった信州の山々がありました。それは幼い頃から、わたしが憧れていた風景でもありました。父のアルバムをくくると、セピア色に変色した写真の殆どが、信州

メッセージ＿＿＿＿＿＿＿＿＿＿＿＿＿＿＿＿

の山々を撮ったものでした。父は、わたしに本格的な登山を教えてはくれませんでした。ですから、いつまでも、あの山々はわたしの内で憧れであり続けているのです。

裸木のつづく雑木林は明るい日差しに包まれ、温かで、静かで、平和で…。

地球上に暮らすすべての人に、この光と熱が届くよう…世界中がすべての人が、生きるために必要なものが得られるよう…そして、共に「精神の進化」を遂げることができるよう…美しい自然の中で、強く願うのでした。開催をしていただいた幼児教室をされているNPO法人「大地」の青山さんご夫妻、お母さん方、お寒い中をありがとうございました。

12月9日

前夜遅く、松本に着きました。駅からホテルに行く道すがら、ふっと焼き鳥の匂いが鼻の先をかすめたように感じました。思い出しました！　駅前の道を左に折れると、奥のビルの1階に、おいしい焼鳥を食べさせる店がありましたっけ！　大学時代を松本で過ごした長男を訪ねてここへ来たとき、必ず二人で行った「焼鳥屋」です。

翌朝、講演会の会場に向かうタクシーの窓から見る風景は、あれもこれも懐かしく…あれからまだ10年も経っていないのに…わたしの人生は、確実に終盤にさしかかっていることを感じたのでした。

用意していただいた会場のアバロホールは、神宮寺というお寺の一角にありました。たくさんの千手観音像に囲まれたホールは、「祝福された気」に満たされていました。

自らの修行を終えて、天に昇ろうとしたとき、「俗界に暮らす最後の一人が救われるまで、ここに留まる」と決められた観音…。もっとも苦難に満ちたときを過ごしていわたしの内に、光となって入ってくださった観音様にここで出会うことになろうとは…。

ありがたい、尊いことでした。

この会場では、穂高町の臼井さん、上野さん両ご夫妻、そして大勢のお仲間の皆様にお世話になりました。ありがとうございました。

12月10日

「ひびきの村」の「シュタイナー学校教員養成プログラム」で学んでいる受講生の教育実習が始まりました。

教育実習は、なんといっても子どもたちの助けなくしてはできません。子どもたちにとって、実習生の授業を受けることは大変なことであるに違いありませんが、それは「シュタイナーいずみの学校」が担っている役割の一つだということを、子どもたちは分かっているのです。馴《な》れない実習生の授業…ともすれば途切れてしまいがちな集中力を、努めてつなごうとしている子どもたち…なんとありがたいことでしょう!

今日から、7、8年生のクラスでデイヴィッド・ブレア氏の「物理・熱の授業」が始まりました。大柄な彼が前に立つと、教室の狭さを改めて感じます。

わたしたちは防寒具に身を固めて、学校の近くを流れている「シャミチセ川」へ行きました。土手を下って足場の良い所を探し、デイヴィッドに言われるままに、30秒間、水に手を浸けました。5秒経つと、手がジンジンしてきました。10秒経つと痛いと感じるようになりました。30秒経ったときに、手はしびれて感覚を失っていました。光政君と浩平くんは2分間、氷のように冷たい水に手を入れ続けました。「我慢大会をしているんじゃあないから、もういいよ」とデイヴィッドに声をかけられて、

メッセージ ______________________

二人はようよう水から手を上げました。

次に、わたしたちは太陽に顔を向けて立ちました。2分、3分…5分経った頃には、頬《ほほ》がほかほかと温まってきました。そして裸木の枝の隙間から射す太陽を右後《うし》ろに受けながら、わたしたちは川沿いの道を学校へ帰ってきました。振り返るとたくさんの足跡が雪の原に小さな影をつくっていました。

こうして「物理・熱の授業」が始まったのでした。

12月13日

エグゼクティヴのミーティングを持ちました。1週間に一度、そして、必要なときにはいつでもミーティングは開かれます。エグゼクティヴのメンバーは、「ひびきの村」の「精神的な柱」としての役割を担っています。

「わたしたちは、真に世界に必要とされていることをしているだろうか?」「わたしたちは本質を生きているだろうか?」「高次の自我の声を聞き逃してはいないだろうか?」…といつもいつも、必死の思いです。「これほど多くの仲間が働いている『ひびきの村』を、間違った方向へ引っ張ってゆくことになったら…」と畏《おそ》れつつ、精進《しょうじん》するしかありません。

12月14日

「シュタイナーいずみの学校」の仮校舎を建設する土地の「地鎮祭《じちんさい》」をしました。2002年1月21日から始まる3学期の始業式に間に合うように、完成させなければなりません。

30メートル幅の道路に面した工業団地の一角ではありますが、山も海も見えます。わたしたちの手で、子どもたちが学ぶ場所として相応（ふさわ）しく、美しく、清潔で、温かい空間をつくります!

耳も鼻もちぎれそうな寒風の中で大きな輪をつくり、ハレルヤを歌って「大地の霊」に感謝を捧げ、その力を言祝（ことほ）ぎました。何も持たないわたしたちに、これほどの恵みがもたらされたことは、ただただ、ありがたいばかりです。

12月17日

「リムナタラ農場」で働くスタッフとエグゼクティヴのメンバーが、久しぶりにミーティングを持ちました。今年の農場のスタッフは男女二人ずつ、4人でした。みんな、「農業が好きでたまらない」人たちです。今日は、遠い将来に向けての農場の方針を話し合い、それに基づいて、来年の方針を立てました。作物を販売する小さな店を持つことそれが彼等の来年度の計画です。そのためには、作付け面積を広げ、作業部屋をつくり、ビニールハウスを増やす必要があります。決して無理な計画ではありません。自分たちの身の丈より少しだけ高い目標です。

若い人たちの夢が実現するように手助けすることが、わたしの役割です。反対する理由など何もありません。農業に対する思いを実現するべく、彼らは自由に、思い切り仕事をしたらいいのです！

12月21日

中泉さんにお借りしていた、元産院の校舎で勉強するのも今日限りです。感謝の気持ちをこめて、丁寧に、丁寧に掃除しました。その後で、わたしたちは子どもたちに、ここで過ごした日々の思い出を話しました。はじめて聞く「シュタイナーいずみの学校」の歴史を、小さな子どもたちは目をまん丸くして聞いていました。

最後に、みんなハレルヤを歌いながら教室を一つずつまわりました。校舎はとても満足そうな様子

メッセージ＿＿＿＿＿＿＿＿＿＿＿＿＿＿＿＿

でした。「わたしの役目は終わったのだ。少しの間静かに眠ろう」とでも言っているかのように…。

12月21日

クリスマス会が持たれました。1年目のクリスマス会は、学校の小さな教室で十分でしたのに…。子どもが30人となり、今年はとうとう伊達市カルチャーセンターの、2番目に大きなホールをお借りしました。

お話を聞き、歌を歌い、劇を見、楽器を演奏し聴き…おばあちゃん、お父さん、お母さん、お姉ちゃん、お兄ちゃん、弟、妹、赤ちゃん…友人、知人、家族が集まって、とても楽しい会になりました。子どもたちのメインレッスン・ブック、絵、そしてさまざまな作品も見ていただきました。

12月22日

アフガニスタンの暫定政府がスタートしました。パシュトゥンの異なる部族と政治的グループの代表者から成るものです。その中には二人の女性もいます。…さまざまな違いを乗り越えて、全人類が真のコスモポリタンになることを願う、「時代の大天使ミカエル」の働き…が、そこに見えます。

…高い理想（精神が理想とすること）を実現するためには、小さな理想を諦《あきら》めることが必要なときがある…とシュタイナーは言っています。

アフガニスタンの建国を志す人々が、さまざまに異なる考えの中から、高い理想を探し出し、小さな理想をすてることができますように。そして、力を合わせてその理想を実現することができますように。

12月23日、24日

「ひびきの村」で暮らし始めた頃、わたしたちがしようとしていることを話すと、殆どの人が怪訝《けげん》な顔をして遠のいてゆきました。わたしたちは何度悲しい思いをしたことでしょう。けれど、そんな中にも、わたしたちの傍《かたわ》らに残って、わたしたちの励まし、助けてくださる方もいらっしゃいました。

翌年のクリスマスに、わたしたちは皆さんに感謝の気持ちを届けたいと考えました。けれど、あたりを見回しても、プレゼントになるようなものはなにもありません。「そうだ！　歌を歌ってさしあげたらどうかしら？」…わたしたちは歌うことが大好きでした。その頃、集まるとよく歌を歌っていました。

緑と赤の帽子、セーター、スカートをかき集めて身に着けた3人のメンバーは伺った先々でごちそうになり、家に帰ったときにはお腹がパンパンになっていました。

今年、キャロリング隊は22人。プレゼントを届けた先は12軒。来年は？　5年先は？　10年先は…どうなっているでしょう？

12月25日

「ひびきの村」のクリスマス・ディナーは、質素なスープとパン一切れ、それにサラダと決めました。ローソクの灯りの中で、黙想しながら頂きます。ディナーが済むと、「聖なる12夜」の第1夜の集まりが始められます。わたしたちはキリストの衝動を体験するべく、今年は、ルドルフ・シュタイナー著「第5福音書」を読むことに決めました。今夜から始まる12夜の間続く学びと体験は、来るべき新しい年に、わたしたちの「精神」を支えてくれる力強い土台となることでしょう。

メッセージ＿＿＿＿＿＿＿＿＿＿＿＿＿＿＿＿

12月26日
仮校舎の建築工事がスタートしました。
21日から始める予定でしたが、業者にお願いした部分の工事が遅れていて、今日、ようやくわたしたちの手に渡され、引き継ぐことができました。土台と、骨組みと、屋根と、外壁だけができている、約236平方メートルの建物…これからわたしたちの手で床を張り、天井を張り、壁を作り、ドアを作り、ペンキを塗って、生命のあるものにするのです。

1月1日
2002年の夜明けを迎えました。空は一面に厚い雲に覆（おお）われています。けれど、わたしたちは知っています。この雲の上には青空が広がっているということを…。太陽が輝いているということを…いつか、この雲が晴れて光と熱がわたしたちの許に届けられるということを…。忍耐強く、辛抱強く、信頼して待っていれば必ずその日が来ると言うことを。
世界中の人々がそれぞれのカルマ（宿命）を果たし、善きカルマをつくることができますように。そして「精神の進化」を遂げることができますように。
それは、すべてがわたし自身の生き方にかかっているのだということを、わたしは新しい年が明けた朝、心に深く留めました。

1月10日
イスラエルによるパレスチナ自治区に対する攻撃が激しさを増してきました。それに報復するパレスチナ人による自爆テロがまた、頻繁に起きています。絶対的な軍事力と経済力を持つイスラエルに報復するために、彼等に残された方法はこれしかないのでしょうか。

パレスチナとイスラエルの間で続く紛争にも、アメリカの存在、もっと明確に言うなら、アメリカの軍事産業が大きく関わっていることは、明白なことです。

1月15日

外務省内で行われている不正、狂牛病に対する農林水産省の不手際な対応、小泉内閣の経済政策…どれを見ても、立法府と行政府が経済界と利益を共有するためにしていることのように見えます。政治家も役人も自分たちの私腹を肥やし、身を守ることを最優先しているのでしょうか？　自らの身を挺《てい》して国民を守る政治家や役人、そして、経済人が日本にはいないのでしょうか？

目を大きく開いて凝視しましょう。耳をそばだてて聴きましょう。彼等が何をしているのか、何を話しているのか、何を考えているのか…。そして、わたしはどうするのか？

1月20日

どの顔も、どの顔もにこにこと、とびっきりの笑顔を見せています。

今日は「シュタイナーいずみの学校」仮校舎の落成式です。遠くで暮らす「ひびきの村」の友人たちから、また、ご近所さんから届けられたたくさんの花籠や花束で、新しい校舎は美しく飾られました。

ホールを作る代わりに、教室を二つ合わせて大きく使えるように取り外し可能な壁を作りました。今日、その大きな空間はたくさんの人で溢《あふ》れ、そして、その人たちが運んできた愛と熱と力に満たされていました。

メッセージ ________________________________

たくさんの精神の世界からの、宇宙からの、自然からの、多くの人からの贈り物に、心から感謝いたします。今から、ここで、世界に必要とされていることが行われるのです。

1月21日

嵐の中を、ドイツから治療オイリュトミストのアンドレアス・ベズーフ氏と、フィリピンからニカノール・ペルラス氏が「ひびきの村」に着きました。彼等の存在と、彼等が運んできたのでしょうか？　強い雨と風は24時間も続き、この地に滞《とどこう》っていた塵（ちり）と埃（ほこり）と灰汁（あく）を洗い流してくれたようでした。

1月28日

アフガニスタンの再生を助けるために、60ヵ国の代表が世界中から集まり、東京で会議が開かれました。元国連難民高等弁務官の緒方貞子さんが議長を務め、彼女の献身的な働きによって各国が支援を申し出、23億ドルもの支援金の拠出が約束されました。74歳になって尚、世界に必要とされる仕事を全力を尽くして果たされた緒方さんの姿に、世界中の人々が胸打たれたことでしょう。わたしも彼女の後に続こうと、決意を新たにしました。

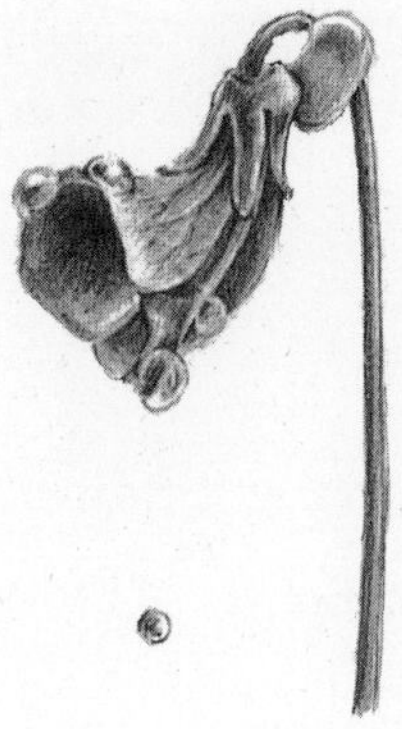

TOPICS
今月のトピックス

「グローバリゼーションと人智学運動」

世界を、子どもたちに引き渡すために…

生まれてくる子どもたちが成長し、やがて彼らが生きてゆくであろう世界が、この先どのような運命を辿ることになるのだろうか？　と、わたしはいつもいつも考えています。彼らは彼ら自身の強い意志によってこの時代を選び、生まれてきました。この時代がどのような時代であるのか？　人類にはどのような課題が与えられているのか？　それを、人類はどのように果たすのか？　そして、これから世界はどうなるのか？　と…、考えない日はありません。

今、世界のあらゆる国と民族が、そして、あらゆる文化と政治と経済が、互いに複雑に関わり合っています。この世界の状況を、人智学、精神科学の視点から深く理解したい、正しく認識したいと、わたしは切望しています。そうすれば、世界がわたしに何を求めているのか？「ひびきの村」は世界に向かって何を成すべきであるのか？…それを明確にすることができると考えているからなのです。

混沌とし、混迷し、混乱した世界を、このまま子どもたちに託してゆくわけにはいきません。世界を今より少しでも、「秩序」ある美しいものにしなければなりません。人類が、今より少しでも「調和」の内に生きられるような世界にしなければなりません。今より少しでも多く、「真理」が働く世界にしなければ、わたしは子どもたちに世界を引き渡すことはできないのです。

そのために、わたしは「行為」しようと決めました。

「行為する」ために

わたしはいつも世界を「感じ」、世界を「考え」ています。いつもいつも一生懸命「感じ」「考え」ているのに、世界は少しも変わりません。「感じ」「考え」たことを、わたしがそのままほおっておく限り、世界は変わらないのです。

そうです。世界はわたしが「行う」ことによって変わります。わたしの「行い」だけが世界を変える力になるのです。

もし、わたしが「感じ」「考え」ていることのすべてを「行う」ことができたら、世界はもっと変わっているに違いありません。なぜなら、わたしは毎日たくさんのことを「感じ」「考え」ているのですから…。

もし、あなたが「感じ」「考え」ていることを「行って」いたら、世界はもっともっと美しいもの、真理に満たされたもの、調和のあるものになっていることでしょう。なぜなら、あなたがいつも「美しいこと」、「真理に満たされていること」、「調和のあること」を「思い」、「考え」ていることを、わたしは知っていますから…。

わたしはいつも、「感じたこと、考えたことを行う人となりたい」と望んでいます。あなたもきっと、そう望んでいらっしゃることでしょう。けれど、それは口で言うほど易《やさ》しいことではないのです。「感じる」こと、「考える」ことはそれほど難しいことではありません。「感じるだけ」、「考えるだけ」でしたら、だれにでもできます。(「真の感情」を感じ、「真の思考」することは難しいことですが…)けれど、「感じ」「考える」ことを「行う」ことは、そう簡単にできることではありません。いいえ、むしろ、それは至難のわざと言えるでしょう。

ご一緒に考えてください。

2001年9月11日に、ニューヨークで未曾有《みぞう》のテロが起こりました。それは、世界中の人に強い衝撃を与えました。世界中の人々がテロで亡くなった人を想い、その死を悼《いた》みました。その後、アメリカが行った爆撃によって、多くのアフガニスタンの人々が亡くなりました。家を失った人、家族を失った人、自分の手足を失い、視力を失った人さえいます。

この間、わたしは心から、困難の中で生きている人たちのことを思い続けてきました。テロについて、また、アメリカが引き起こした戦争（これもテロ行為そのものであると考える人もいます）について考え続けてきました。そこに至るまでのさまざまな背景についても考えました。そしてできる限りのことをしました。けれど、わたしが「感じ」「考えた」ことに比べると、わたしがした「行為」は実に僅《わず》かです。それは、「行為した」とも言えないほどのものでした。

これは、わたしだけに限ったことではないかもしれません。ことほど左様に、わたしたちは「思い」「考え」ながら、それを「行う」ことをしません。「思い」「考える」ことに比べると、わたしたちが「行為する」ことは断然少ないのです。わたしたちは「行為する」ことを難しいと感じています。わたしたちは「行為」することを怠《おこた》っています。

なぜなのでしょう？　なぜ、わたしたちは「思い」「考え」ながら、「行う」ことができないのでしょうか？

その一つの理由は、わたしたちが「真の感情」を感じ、「真の思考」をすることが少ないからなのだ、とわたしは考えています。皆さまはどうお考えですか？

では、「真の感情」とは何なのでしょうか？　「真の思考」とは何なのでしょうか？　わたしたちがいつも「感じ」「考え」ていると信じていることは、「真の感情」でも「真の思考」でもないのでしょうか？

「真の感情」とは、わたしの悲しみではありません。わたしが楽しみ、わたしが喜ぶことではありません。そうではなく、「真の感情」とは世界の喜びであり、世界の悲しみであり、世界の嘆きなのです。それはわたし個人の感情とは違います。

「真の思考」もまた、わたし個人の「考え」ではありません。わたしがあれやこれや考えを巡《めぐ》らせることではありません。わたしが判断することでも、推（お）し量（はか）ることでもありません。

「真の思考」とは、「事実をあるがまま認識した真実」であり、「真理そのもの」なのです。

では、「真の感情」を感じ、「真の思考」をすることができるために、わたしたちは何をしたらよいのでしょうか？　どうしたら、「真の感情」と「真の思考」を獲得することができるのでしょうか？

それは、真に「学ぶ」ことで得られると、わたしは考えています。真に「学ぶ」こととは、本を読み、話を聞き、知識を得、体験を積み重ねることではありません。研究を続け、調査して多くを知ることでもありません。真に「学ぶ」とは、「事実」をありのまま「観る」ことであり、「観る」ことによって正しい「認識」を得ることだと、わたしは考えています。

「事実」をありのまま「観る」ことによってのみ、わたしたちは正しい「認識」を獲得することができます。そして、正しい「認識」の力によってこそ、わたしたちの内に正しい「感情」が生まれるのです。

そしてまた、正しい「認識」が、わたしたちに正しい「思考」を促します。こうして、わたしたちは真に「学ぶ」ことによって、世界を正しく「認識」することができます。そして、正しい「認識」

が真の「感情」と真の「思考」をもたらします。そうして初めてわたしたちは、真の「感情」と真の「思考」に促されて、正しい「行為」をすることができるのです。すなわち、世界が必要としている「行為」、世界がわたしに求めている「行為」を、わたしたちは「する」ことができるのです。「世界の感情」と「世界の思考」は、こうして、物事を正しく観察することから生まれます。そのためにこそ、わたしたちは学ばなければならないのですね。

人智学、精神科学を学ぶことによって、わたしたちの内に「真の感情」と「真の思考」を促す力が養なわれます。そして、その力によってわたしたちは「真の行為」をすることができるようになるのです。

「ゲーテによる自然観察」もまた、物事をありのまま「観る」ことができるよう、わたしたちを訓練してくれます。そして、世界を正しく認識するための力を、わたしたちの内に育ててくれます。そして、「正しい認識」によって、わたしたちは「行為」することができるようになるのです。

世界を正しく認識する人

わたしは若い頃、自分のことと、自分を取り巻く小さな世界のことだけに目を向けていたように思います。大きな広い世界と、そこに暮らす多くの人に関心を向けることが少なかったように思います。ましてや、世界の悲しみ、世界の苦悩、世界の困難に心を寄せ、それを自分の悲しみ、苦悩、困難とすることが、わたしにはできませんでした。

ルドルフ・シュタイナーの思想（人智学）を学び、シュタイナー学校の教師となり、「ひびきの村」で仕事をするようになって、今わたしはようやく身の回りの小さなことから、広い世界に目を向けることができるようになりました。

わたしは…アメリカで起こったテロと、その後、アフガニスタンに対してアメリカが行った爆撃…を真に「感じ」「考え」ることができるようになりました。「感じ」「考え」たことを、多少でも「行う」ことができるようになりました。そして、その体験が更に今、わたしの目をもっと遠くの世界に向けるよう促してくれています。

ニカノール・ペルラス氏が、「世界のことを真剣に考え、思っていたら、人はよく眠れるはずがない」と、ため息をもらしていました。わたしには眠れる夜もあり、眠れない夜もあります。

わたしは、もっともっと大きな視点から、世界的、宇宙的な視点から、世界で起きているさまざまなことを考えたいと思います。世界で起きていることを、人智学的な視点から考えたいと思います。そうしたら、眠れない夜が、今よりもっと多くなるでしょうか？ そうして、人類が、今しなければならないことが分かるようになるでしょうか？ 「ひびきの村」が全人類に対して担っている役割が、明らかになるでしょうか？ わたし自身が世界に対して果たさなければならない使命を、知ることができるでしょうか？

そのためには、世界を物質的、即物的な視点からではなく、精神科学の視点から観、理解し、認識して、わたしたちにそれを示してくれる人が必要です。人智学の視点から、世界の情勢を正しく、そして明確にわたしたちに示してくれる人が必要です。そして、もっとも重要なことは、…その人が世界に対する認識を「行っている」…ということなのです。

今、ニカノール・ペルラス氏を措（お）いて他に、世界に対する正しい認識を「行っている」人を、わたしは知りません。

…あなたが「観る」世界の状況を話してくれますか？ そして、人類が今しなければならないことを示してくれますか？ 「ひびきの村」が担っている使命を一緒に考えてくれますか？ …と書いて、わたしはニカノールにメールを送りました。それを知ることができたら同時に、わたし自身のこれからの役割も、きっと見えてくるに違いないと確信していました。

ニカノール・ペルラス

ニカノール・ペルラス氏はフィリピンに生まれ、長じて市民活動に身を捧げた人です。30代の9年の間、彼は、マルコス政権時代、国を追われてアメリカに亡命していました。その後フィリピンの政権が民主化し、アキノ大統領へと変わり、彼は祖国へ戻ることができました。そして1997年には時の政権に委託されて、彼は国の政策「フィリピン・アジェンダ21」の草案を創りました。

彼の「行為」は、原子力発電所の弊害から、農薬の毒から、遺伝子工学の影響から、フィリピンの人々をはじめ、世界中の人々の生命と生活を守ってきたのです。彼が市民活動家として成し遂げた多くのことは、どれほど世界を変えたことでしょう！

彼の世界を観る目は公正であり、適切であり、実に明確です。彼は、世界で起きていることを、物質的な視点からではなく、人智学の視点から、精神科学の視点から理解し、認識しています。ですから、彼は、今人類がどのような方向に向かって進んでいるのか？　どのような危険に晒《さら》されているのか？　そこには希望があるのか？ないのか？　そして、希望があるのだったら、わたしたちはそれをどのように実現していったらよいのか？…さまざまな課題を、ニカノールは人類が築いてきた長い歴史を遡（さかのぼ）り、そして、もっともっと広がりのある宇宙的な視点から、わたしたちに示してくれています。

彼はまた、キリストに従う者でもあります。つまり、「自分自身より他者を大切にし、その他者に帰依《きえ》する」生き方をしようとしている人です。愛に生きようとしている人なのです。実に実に、愛の

今月のトピックス

深い人なのです。

「世界を照らすアジアの太陽」…わたしは彼をそう呼んでいます。

（ニカノール・ペルラス氏については、この講座の11月号に、彼のバイオグラフィーを詳しく書きました）

ニカノールは嵐を連れてやってきた

「とうとうやってきたよ、ユーコ！」

その名の通り、太陽のように輝く笑顔を見せて、ニカノールは現れました。その日、伊達は早朝から雨まじりの強風が吹き荒れ、彼の乗った飛行機が無事に着くかどうか、懸念されていたほどでした。いつでも静かで穏やかで、笑顔を絶やすことのないニカノールが、なぜこんなにひどい嵐をつれてやってきたのだろう？　と、わたしは腑（ふ）に落ちませんでした。けれど、その意味は、後にだれの目にもはっきりしたのです。そして、彼の内に秘められている激しい闘志が、ほんの少し顔をのぞかせただけで、こんなにも大きな嵐を呼ぶのだということをわたしたちは知ったのでした。

２００２年1月21日、わたしたちは、嵐の中を、旧校舎から新しい校舎へと、荷物を運んでいました　雨合羽（あまがっぱ）を着ても、フードから、袖口《そでぐち》から、襟元《えりもと》から雫《しずく》が流れこんできます！　軍手もぐっしょり濡《ぬ》れて力を込めた手が滑ります！　自分たちの力で完成させた新しい校舎に移る喜びに満たされてはいましたが、わたしたちは連日の作業で疲れ、冷たい雨に濡れて、身体もすっかり冷え切っていました。そうして気持までもが少しずつ萎（な）え、衰えてゆくようでした。容赦《ようしゃ》なく吹きつける風が、まるでわたしたちの喜びを吹き飛ばそうとしているようにも思えました。

玄関のドアが開き、ニカノールの笑顔がわたしの目に飛び込んできたのは、まさにそのときだったのです。輝くような彼の笑顔に雨粒が光っていました。

雨に濡れたニカノールの額にへばりついている、白髪まじりの前髪を見て、わたしの胸に突然、ある光景が蘇（よみがえ）ってきました。そうだった！　あのときも、こんなふうに雨に打たれたんだったっけ！…。

去年の夏、ハワイのビッグアイランドで行われた会議の後で、激しいスコールに見舞われたことを思い出しました。そのときも、彼とわたしはずぶ濡れになりながら篠突（しのつ）く雨の中を懸命に走ったのでした。

そういえば、マニラの会議のときにもそんなことがあったような…。どうやら彼と一緒にいるとき、わたしはいつでも激しい雨に見舞われるようです。まるで彼の生きる様《さま》がそこに現れているかのように…。その事実がわたしの胸を突きます。

彼が見せる笑顔も曇る日があったことを、わたしは知っています。笑顔がまるで見られなかった日々が、長く続いたことがあったことも知っています。「人智学に出会わなかったら、わたしはきっと自殺していただろうと思う」という彼の呟《つぶや》きを、わたしは確かに耳にしたことがあるのです。

…長い葛藤と、苦悩の末に、わたしは世界を正しく観て、理解し、認識することができるようになったのだ…と、彼は語ったことがありました。そのことばに、わたしはただただ深く頷《うなず》くだけでした。ここへ辿り着くまでに彼が歩いた道のりは、実に長いものだったに違いありません。その道の果てで、今ニカノールは、人類が「精神の進化」への道を進むために、自らの生命を投げ出そうとしているのです。

「ひびきの村」の次のステージ

「ひびきの村」の活動は、ここで暮らすわたしたちだけが幸せになり、わたしたちだけが「精神の進化を遂げる」ために行われるものではありません。「ひびきの村」の活動は、わたしたちだけが不安のない、静かで、平和な暮らしをするためのものではありません。

「ひびきの村」の活動は、全人類の進化のために行われるのです。そのために、ときに、わたしたちはようやく手にすることができた安定した生活を捨てなければならないことがあります。ときに、自分たちの幸せを抛（なげう）つように強いられることもあります。それでもわたしたちは「行為」しなければなりません。「ひびきの村」のすべての活動は、世界が必要としていることに応えるために行われるのです。

地球が「真（まこと）」と「美」と「調和」に満たされ、平和な星になるために…。世界中の人が飢えることなく、渇《かわ》くことなく、生きられるように…。世界中の人が争わず、奪わず、奪われず、助け合い、支え合って暮らせるように…。虐《しいた》げる者もなく、虐げられる者がない世界をつくるために…「ひびきの村」の活動は、そのためにあります。人が自らの自由意志で自らの人生を選び、生きることができる世界にするためにこそ、わたしたちはここで活動しているのです。

「ひびきの村」には、そういう志を持った人が集まっています。

「ひびきの村」の運営資金をつくるための会社「えみりーの庭」が運営され、農場ではバイオダイナミック農法で野菜がつくられ、シュタイナー幼稚園、小学校、中学校では子どもたちが、自由で自立した人間として生きるために必要なことを学んでいます。「教員養成プログラム」ではシュタイナー教育の実践を目指す人が、懸命に学んでいます。「自然と芸術と人智学のプログラム」では、生きることの意味や自らの使命を探す人が、シュタイナーの世界観と人間観を真摯《しんし》に学んでいます。若者のためのプログラムも始まりました。

「ひびきの村」がこの世に生まれて5年が経ちました。わたしたちは、「ひびきの村」が、次のステージに向かっていることを感じています。そして今、わたしたちは考えています。どこへ？　どのように？　だれと？　いつ？…

ニカノールが指さす彼方《かなた》に目を向けたら、その道が見えるのでしょうか？　彼に導かれて歩いていったら、その道を見出すことができるでしょうか？　彼と共に進んで行ったら同じ志を持つ人たちに出会うことができるのでしょうか？　そして、彼らと共に励むことができるのでしょうか？

「ひびきの村」が次のステージに進むために彼が今ここに来ることは、どうしても必要なことであり、遠い昔から決められていたことだったのです。彼が示す道は、決して平坦な道、楽な道ではないということも分かっています。ニカノールが連れてきた激しい雨と風が、わたしの確信を更に強いものとしてくれました。


ニカノールは嵐を呼ぶ人です。厳しい現実を、猶予《ゆうよ》できない世界の状況を明らかにする人です。躊《ちゅう》躇《ちょ》せずに真実を示す人です。曇りのない目で、宇宙的な視点で世界を観、世界が必要としていることを人々に示す…それが彼の使命なのです。

人智学を学び実践している人は、ブラジルのファベーラ（スラムの街《まち》）で20数年間活動し、共同体をつくり、世界から注目されているドイツ人の女性、ウテ・クレーマーさんなど、たくさんの方々がいます。近頃は、社会三層構造を実践している人も多くなりました。けれど、彼ほど、「人智学を世界の現実と結びつけて活動している人」を、わたしは知りません。彼ほど、真摯《しんし》に「人智学運動を社会運動として実践している人」を、わたしは見たことがありません。彼ほど、熱意をもって「人智学運動によって社会を変えることを明確にしている人」に出会ったことはありません。

ニカノール・ペルラス氏は真（まこと）に希有《けう》な人智学徒（ルドルフ・シュタイナーの思想、人智学を学び、それを生きようとする人）です。真摯に学び、深く洞察し、彼は今人類がおかれている状況と、人類が直面している問題を、実に的確に示すことができる、ありがたい、真（まこと）に希有《けう》な人なのです。

人類が辿ってきた道

世界に対してこれから担う使命を明確に知るために、わたしたちはさまざまなことを学ぶ必要があります。中でも、人類が今置かれている状況を、正しく認識することは不可欠です。今に到るまで、人類はどのような経過を辿《たど》ってきたのでしょうか？　どのようにして、今日の世界の状況がつくられたのでしょうか？　詳しく述べる余裕がありませんので、簡単に書きます。

人類が経験した大きな岐路の一つは、１７６０年代に、イギリスで「産業革命」が起ったことでした。そのとき蒸気機関が発明され、それによって、人が生活するあらゆる場所で「鉄」が使われるようになりました。産業が興（おこ）り、人類は「鉄の文明」に突入したのです。これが「産業革命」と呼ばれるものです。

それ以来、さまざまな産業技術が次々と発明され開発されて、文明は発展の一途を辿ってきました。

人類が次に経験した大きな岐路は、オートメーションの発明でした。人間に代わって仕事をするロボットのような機械類がつくられたのです。それ以前、「物」はすべて、人の手によって作られていました。が、そのとき以来、ロボットは人間に代わって、大きな力を必要とする仕事や単調な仕事をしてくれるようになったのです。

そのために、人間の労力が省略化され、商品をつくるために費やされる時間とエネルギーが大幅に削減されたのです。この結果、商品は大量に生産されるようになり、…安いコストで、大量につくり、大量に売る…という図式ができあがりました。その結果、わたしたちの生活は、…丁寧につくられた物を大切に使う…という従来のスタイルから、…簡単につくられた物を大量に消費し、廃棄《はいき》する…というライフスタイルに変わったのでした。

このような経済構造は、資本家を生み出しました。そして、資本家は持てる資本をふんだんに使って、大量の材料を仕入れ、機械化された大きな工場の中で競って大量の商品をつくり始めたのです。こうして資本主義社会ができあがってゆきました。

商品を大量につくるためには、大量の資源が必要です。より多くの材料を、より安く手に入れるために、資本家は世界中の資源を漁（あさ）り始めました。そのために、ますます大きな資本が必要とされるようになりました。そのために大きな企業は拡大や合併を繰り返してより大きな企業にと生まれ変わり、ますます多くの資源を手に入れて業績を伸ばし、やがて巨大な企業となったのです。

こうして生まれた大きな企業が、やがて世界中の市場を独占するようになりました。中でも、アメリカ、イギリス、フランス、ドイツ、イタリー、カナダ、そして、日本の7カ国の企業が世界の富を独占するようになったのです。これがいわゆるG7（ジーセヴン）と呼ばれる、先進7カ国です。

彼らは毎年、一堂に会して話し合い、世界の富を独占し続けるための計画を立てます。この過程の中で、WTO（世界貿易機構）が組織され、彼らが世界の経済を支配するようになりました。

日本が辿ってきた道

世界が辿ってきた道と、日本のそれとが出会い、日本と世界が共に同じ運命を辿ることになった過

今月のトピックス

程を、ここで、皆さまとご一緒に考えたいと思います。戦争を知らない世代の若い皆さまが、この間《かん》の流れをイメージするために、わたしが生きてきた道をご一緒に辿ってください。多少の役に立つことができるかもしれません。

わたしが生まれたのは1945年の4月のことでした。1931年、日本国は資源を求めて当時の満州（今の中国北東一帯）に侵略しました。それは明治以来、富国強兵の政策をとり続けてきた日本国が、欧米に追いつき追い抜くための政略だったのです。日本国は軍隊を送って強引にその政策をおし進めました。それは、中国大陸に暮らす多くの人々に困難な生活を強いたのでした。財産を没収された人、徴兵された人、傷つけられた人、生命を奪われた人…どれほど多くの人の人生を変えたことでしょう。

そんな日本国の侵略を阻止するために、アメリカ、イギリス、そして、オランダ…などが軍隊を送りはじめました。やがて世界の多くの国と、多くの人々を巻き込んで、日本は1941年12月8日に開戦し、第二次世界大戦へとつながっていったのです。

その日本国による侵略戦争が、終結しようとする頃、わたしは生まれました。

その頃、わたしの両親は北京で暮らしていました。貿易会社に務めていた父が、その1年前から母を伴って北京に出張していたのです。はじめての出産を外国で迎えた母は、どんなにか心細く不安だったことでしょう。それでも母は、まわりの人に助けられ、支えられて、無事にわたしを出産することができました。日本国が無理無体（むりむたい）なことをしていたにもかかわらず、中国の人たちは母に手を差しのべてくれたのです。国同士が争っているときも、人と人はいつでも互いに助け合い、愛し合うことができるのですね。ありがたいことです。

母は、産院の窓から眺めた景色を、わたしに事あるたびに話してくれました。…大きなニレが道の両脇に植えられ、その間を縫《ぬ》って吹く風が気持ちよかったこと。朝に夕に、自転車に乗ったおおぜいの女学生がその道を通ったこと。自転車につけられた色とりどりのリボンが風にのってひらひらと舞っていたこと…。不穏な社会情勢の中で、初めての子どもを出産した若い母親は、どんな気持でこの光景を見ていたのでしょうか？

その1ヶ月後に、父は召集されて北京から戦場へ送られ、母はわたしを一人で育てなければならなくなりました。そのときも、母を助けてくれたのは近所に住む中国人の家族だったそうです。

「オンドルっていってね、竈《かまど》のようなものが家の中にあって、それに火を燃やすと、家中が暖められたのよ」

「外に出ると、強い風が吹いていて一寸先も見えないほどの砂埃《さじん》が舞っていたわ」

「日本に帰ろうと、いつも考えていたわ。けれど、お父さんはここから出征したのだから、戦争が終わったら必ずここに帰ってくるに違いないと思っていたの」

「だから、ここで待っていなければ…と思って頑張っていたのよ」

そうして、1945年8月、アメリカ軍によって広島と長崎に原子爆弾が落とされたのでした。日本国は無条件降伏し、母とわたしは、中国で暮らしていた多くの日本人と共に、敗戦国民として収容所に送られたのです。

「あなたを背中に負ぶって、両手にさげたバックにはオムツとミルクと少しの着替えだけを入れて…他には何も持てなかったの」

「そのミルクの中に宝石を隠してはいないかと言って、ミルクの缶をひっくり返されて…こぼれて散ったミルクを手でかき集めたわ…悔しくて、情けなくて、そしてミルクが勿体《もったい》なくて…」

今月のトピックス ______________________

収容所暮らしはどれほど過酷なものだったでしょうか。５人の兄姉に可愛がられ、なにひとつ不自由のない暮らしの中で育った母親にとって、一人として身よりがない、収容所暮らしがどれほど心細いものであったか…想像がつきます。

やがて半年が経ち、貨物を乗せる無蓋車《むがいしゃ》に身動きもできないほど、ぎゅうぎゅうに詰められて、母とわたしは日本へ向かいました。中国大陸を東へ東へ…その旅の途中、わたしは高熱を出し、すっかり弱って泣くことさえできなくなりました。

「途中で下ろして、この土地の人に託しなさい。そうしなければ日本に着く前に、赤ん坊は死んでしまうよ」

と、同じ無蓋車に乗り合わせた医者に言われ、母はこう答えたそうです。

「あなたを置いてゆくことなどできるはずがないわ。死んでもいいから一緒に日本に連れて帰ろうと思ったの」

誇らしげに話す母に心から感謝しながらも、わたしは複雑なおもいにとらわれていました。

１９７０年代になって、ようやく中国と日本の国交が回復したとき、戦中戦後に、中国に残った、或いは残された日本人たちの、親探しが始められました。自分を生んでくれた日本の父と母を探す彼らの姿に、いつでも自分の姿が重なって、人ごととは思えませんでした。そして、彼らの思いが届きますようにと、いつも心の底から祈っていました。

彼らの中には、わたしと同じように重い病に罹（かか）って、やむを得ず、中国の人に託された人もいたでしょう。敗戦の混乱の中で、家族とはぐれてしまった人もいたでしょう。これもそれも、混乱した世の中に生まれ、それぞれの人が自分で選んだ運命だったのでしょうか？

日本が歩んだ復興への道

１９４５年8月15日、昭和天皇が自ら「無条件降伏」を宣言しました。そして、日本の中国侵略ではじまり、その後世界の多くの国を巻き込んだ第二次世界大戦は終結を告げたのです。そのとき、東京、大阪、名古屋など、日本の都市がアメリカ軍による爆撃で焦土《しょうど》と化していました。そして日本国軍隊の兵士約２３０万人が戦場で亡くなり、非戦闘員（軍隊に所属しない民間人）が外地で約30万人、国内で戦災により約50万人が亡くなりました。アメリカ軍が上陸し、猛攻撃を受けた沖縄では、実に10万人以上もの人が亡くなったのでした。

そんな中でも、生き残ったわたしの両親の世代の人々は、彼ら自身と、家族が生き伸びるために懸命に働いたのでした。戦前と戦中、日本を支配していた「帝国主義国日本」は消滅しました。そして、「民主主義国日本」が生まれたのです。世界中の多くの戦争犠牲者からいただいたともいえる、理想の憲法「日本国憲法」は、確かに形の上では「アメリカのお仕着せ憲法」であり「他者から与えられた民主主義」とも言われますが、こうして日本国の主権は国民に移ったのです。

日本国を占領した勝戦国アメリカは、わたしたちの国土に、基地をつくりました。沖縄にいたっては、日本にあるアメリカ軍基地の75％、実に沖縄本島の約20％が、米軍の基地として使われることになったのです。

同時に、勝戦国による軍事裁判が東京で始められました。その中で「我々にはだれをも裁く権利はない」と主張した裁判官がいました。それはインドを代表して出席していたラダビノッド・パル氏でした。けれど、彼の主張であった「パル判決書」にも関わらず、日本国は裁かれ、賠償金を課せられ、また戦犯と呼ばれる人々が次々と裁かれてゆきました。

この大きな戦争は、世界に多くの後遺症を残しました。ドイツ国は、ソヴィエット連邦とアメリカ

今月のトピックス＿＿＿＿＿＿＿＿＿＿＿＿＿＿＿＿＿＿

によって二分され、共産主義国の東ドイツと、資本主義国西ドイツとなりました。朝鮮半島も朝鮮民主主義人民共和国と大韓民国とに分けられ、ヴェトナムも南北に分断されました。

こうして、大国と呼ばれる、強力な経済力と軍事力（軍事力も経済力に支えられています）を備えた国々によって、小国（経済力と軍事力を持たない国）が蹂躙《じゅうりん》される図式が整えられたのです。

その過程の中で、朝鮮動乱が起きました。ソヴィエト軍と闘うアメリカ軍の兵力は、沖縄の基地から送り込まれました。日本の産業は、この戦争によって、軍需産業がさかんになり、活性化されて日本の経済は息を吹き返したのでした。

平和憲法（憲法第9条）の下に、日本は自国の安全を守るための軍事に国費を費やすことなく、アメリカの傘の下で、経済活動が活発になりました。１９６０年12月池田勇人首相が打ち出した「所得倍増計画」によって、日本人の国民総生産は急成長し、その後世界の先進国の仲間入りをしました。

１９６４年10月1日に東海道新幹線が開業し、10月10日から第18回オリンピック東京大会が開かれ、日本中が沸き立ったのです。

また、１９７２年には、田中角栄首相が「日本列島改造論」を唱え、日本国民はそのかけ声に乗せられて、日本中の国土をブルドーザーで掘り返し、ダムを造り、工場を造り、道路を造り、１９８０年代のバブルへと続く土地ブームが始まりました。

グローバリゼーション

わたしがはじめて「コカコーラ」という「飲み物」の存在を知ったのはそんな頃でした。

１９６０年、イタリアの首都ローマでオリンピックが開かれ、新聞は連日、それを伝える記事で賑《にぎ》わっていました。中でも、オリンピックの開会式に集まった観客が、「コカコーラ」のビンを片手に、にこやかな笑顔を見せている写真が、わたしの目を惹《ひ》きました。「コカコーラ」…それまで聞いたことも、見たこともありませんでした。風変わりな形をしたビンに入ったその飲み物はどんな味がするのだろう？　と、わたしの内に大きな好奇心が湧きました。

今思えば、「コカコーラ」は、世界のグローバリゼーション化の萌芽《ほうが》でした。

それから4年経ち、東京でオリンピックが開かれたときには、もうすでに日本には「コカコーラ」が輸入されていました。そして、さらに日本国内に企業が進出して「コカコーラ」は珍しくもなく、不思議な飲み物でもなくなっていたのです。舌を強く刺激する、薬のような味の「コカコーラ」は、あっと言う間に日本中に広がり、飲まれるようになったのです。

それ以前、日本にはサイダーやラムネ、ジュースのような清涼飲料水はありました。が、それはお祭りや特別の機会だけに飲む、貴重な物だったのです。日本人の多くが好んで飲んでいたものは、なんと言っても温かい緑茶でした。真夏以外に冷たい飲み物を飲む習慣を、それまでの日本人は持っていなかったのです。

「コカコーラ」はたちまち日本中を席巻《せっけん》しました。そして、日本人の飲料水に対する習慣をすっかり変えてしまいました。

ビンに直接口をつけて飲む。立ったまま飲む。歩きながら飲む。食事しながら飲む。…こんなことは、それまで考えられないことでした。今では当たり前の風景も、「行儀が悪い」「失礼だ」「マナーにもとる」と、さんざん注意され、非難されたものだったのですよ。けれど、そんな風景がどこでも、いつでも見られるようになると、非難の声も次第に聞こえなくなり、いつの間にか日本の文化の一部となってしまったのですね。

今、清涼飲料水を立ったまま飲む、歩きながら飲む、グラスにつがずにビンの口から直接飲む…と言って、目くじらを立てる人は、そう多くはいないでしょう。行儀が悪いと言って窘（たしな）める人がいるでしょうか。ことほど左様に、「コカコーラ」にはじまった清涼飲料は、今わたしたちの生活の一部となっているのですね。

こうして、「コカコーラ」というアメリカの文化が、日本の食習慣、つまり文化の一部を大きく変えました。アメリカの企業が市場を広げ、業績をあげ、利益を得るため、そして、更により大きな企業として成長するために、日本に対して行った経済活動、つまり、これがグローバリゼーションだったのです。

「ハンバーガー」しかり、「ホットドッグ」しかり、「ポテトチップス」しかり…注意して身の回りを見渡すと、グローバリゼーションの現象は、生活のさまざまな場所で見かけます。

「スターバックス」というアメリカのカフェが、今日本のあちこちに姿を現しています。ちょっと気の利いたインテリアのあの店で、あなたも「お茶した」ことがありますか？　そこにはこれまで見かけたことのないコーヒーが取りそろえられ、スコーンやマフィンが並べられ、風変わりなカップが売られて人気を集めています。スターバックスはまた、若者の職場としても人気があります。かく言うわたしの次男も、かつてスターバックスでアルバイトしていたことがありました。

手頃な値段で、気の利いた服を売って、人気を博している「ユニクロ」も、グローバリゼーションの一つでしょう。安い原材料を国外で手に入れ、国外の安い工賃で加工し、それを日本で売る「ユニクロ」は、急激な成長を遂げています。「ユニクロ」で売られている衣料もまた、従来日本人が身に着けていたものとは材質もデザインも違います。こうして日本の衣文化も、変えられているのですね。

日本で開発されたインスタントラーメンもまた、世界各国で売られ、世界中の人に食べられています。インスタントラーメンが世界の多くの国の食習慣を変えたであろうこともまた、容易に想像がつきますね。

グローバリゼーションは、商品を消費する国の文化を変えるだけではなく、資源を提供する国の人々の暮らしをも変えてしまいます。商品を大量に、安くつくるために、いわゆる発展途上国の人々を安い賃金で、劣悪な環境で働かせ、彼らの生き方や考え方、人生をも変えてしまうのです。

商品を大量につくるためには、原材料になる資源を大量に必要とします。そのために、企業は地球上のすべての場所をリサーチし、資源を根こそぎ使おうとします。グローバリゼーションを進める企業にとっては、自然の中に宿る生命も、商品の一部なのです。

こうして、地球上のどれほどの森林が伐採され、山が崩され、川がせき止められたことでしょう。資源が掘り尽くされた大地が、どれほどうち捨てられたことでしょう。海も川も湖も、森も山も平地も、盆地も谷も砂漠も、グローバリゼーションを進める企業によってむしり取られ、貪（むさぼ）り尽くされて、自然の生態は完全に破壊されてしまいました。

今や、水道水ももはや安全ではなくなり、わたしたちはボトルに入った水を買い求めなければならなくなりました。そして、その水を売っている企業も、グローバリゼーションを進める企業なのです。ボトルに詰められた空気さえ売られる日も遠からずやって来るに違いありません。

こうして、グローバリゼーションは、わたしたちの生活の中に入り込み、浸透してわたしたちを二重にも三重にもからめ取っているのです。そしてわたしたちは、彼らのつくった仕組みにがんじがらめにされ、そこから容易に逃れることができません。

地球のあちこちに酸性雨が降り、地球が温暖化し、砂漠が広がり…それは、まさにグローバリゼーションによって引き起こされた現象です。そして、地球が重大な危機に瀕《ひん》しているこのときになっても、まだ、アメリカ（アメリカ国籍を持つ企業を代表する）は、自らの利益だけを求めて、京都議定書（気候変動枠組条約）に反対し、調印しませんでした。

こうして、グローバリゼーションは進められ、強い経済力を持つ国の企業が、つぎつぎと他の国々に進出してその国の文化を変えていっているのです。

1 資源を、安い値段で根こそぎ買い占める。
2 安い賃金で国外で加工させる。
3 世界中に市場を広げ、大量に安く売る。

グローバリゼーションを進めるためには、取り引きする相手国の貿易、投資、株式市場を自由化しなければなりません。そのためにあらゆる手段を使って国に圧力をかけ、その国の経済を支配しようとします。そして、わたしたちは知らず知らずのうちに暮らしを変え、習慣を変え、考え方を変え、気がついたときにはまるで違った文化の中で暮らしていたのでした。

これがグローバリゼーションと呼ばれるものです。こうして今、地球上に暮らす殆どの人間が、経済によって支配されているのです。

グローバリゼーションに挑む市民社会

「へーっ、そうなんだ！　グローバリゼーションって、よくないんだ！　でも、僕は学校の社会の授業で、いいものだって習ったよ！」

ニカノールの話を聞いていた、ユース・プログラムの若い受講生が、声をあげました。

そうなのです。ちょっと聞くと、…グローバリゼーションは、民族を越え、国境を越え、文化を越えて世界を一つに融合する素晴らしい政策のように聞こえます。…グローバリゼーションは、人種の違い、ことばの違い、宗教の違いをなくして、世界中のすべての人が、同じ文化を共有することを促す力を持つものである…と思えます。そうして、…グローバリゼーションによって、人々は地球の資源を分かち合うことができ、人々の間にある貧富の差はなくなり、すべての人が不足のない生活をすることを可能にするものである…と思いこむ人もいます。

いいえ、グローバリゼーションは、決してそういうものではありません。グローバリゼーションは、それとはまったく反対の極にあるものです。

グローバリゼーションとは、「経済」を最優先する政策です。グローバリゼーションとは人が「物」に従い、人が「物」に支配されることを意味します。グローバリゼーションの渦の中で人は人としての尊厳を奪われます。そして、尊厳を奪われたわたしたちはやがて人としての誇りを失い、悪に染まり、堕落してゆくのです。

人間の社会生活には、「政治」「経済」「文化」という三つの領域があります。わたしたちが他者と共に生きるということ、つまり、社会の中で生きるということは、この三つの領域で活動するということです。

だれもが自由な意志を持ち、どんなことをもそれぞれが自らの自由な意志で決め、だれにもその決定を覆（くつが）えされることなく、自由に生きることができる…それが、健全な社会です。健全な社会では、「政治」「経済」「文化」の三つの領域が独立して存在しています。そして互いに尊び、助け、支え、決して互いに侵《おか》し合うことをしません。

それは、とりもなおさず、ルドルフ・シュタイナーが提唱した「社会三層構造」…「精神の自由」と「法の下の平等」と「経済の友愛」が保証されている社会です。そこでは、「文化」と「政治」と

「経済」の中の一つの力が、あるいは二つの力が突出することなく、バランスのとれた正三角形を保っています。

グローバリゼーションは、このバランスを大きく崩します。グローバリゼーションは「経済」を最優先させて、「文化」と「政治」の力を衰えさせます。また、ときにはグローバリゼーションによって「政治」の力が利用されることがあり、「政治」が「文化」に先んじることがあります。グローバリゼーションによって「政治」と「文化」は、「経済」のためにないがしろにされます。グローバリゼーションは、「政治」が保証するべきすべての人の「法の下の平等」も、「文化」活動によって得られるすべての人の「精神の自由」をも、無視します。

また、グローバリゼーションによって、本来国家が持つ「権限」が奪われます。それぞれの国の「文化」が持つ、独特の価値観が壊されます。いわば、「政治」と「文化」が、「経済」によって支配されてしまうのです。

グローバリゼーションによって、人々は器械のように扱われ、使われ、人々は働く意欲を失います。グローバリゼーションによって、人々は物に心を奪われ、精神性を失って堕落します。若者から生きる意志と意欲と希望を奪います。暴力、ドラッグ、セックスに走る若者も、いじめ、不登校、ひきこもる子どもたちも、彼らにそうさせている力は、元はと言えば、わたしたちの生活を完全に支配しているグローバリゼーションの力なのです。

こうして、今世界を席巻しているグローバリゼーションは、自然を破壊し、地球を滅ぼし、人を堕落させて、人類を確実に破滅へと導いているのです。

それでも、人類はグローバリゼーションを止めることができないのでしょうか?

かつて、グローバリゼーションを進める企業のうち、テクノロジーを駆使する企業の大部分が、アメリカ、カリフォルニア州のシリコンヴァレーに集まっていました。地球上に暮らす多くの人々の暮らしは、ここに集まる多国籍企業の技術者と経営陣によって決められていたと言っても過言ではないでしょう。世界の多くの人々の運命は、世界の経済機構の頂点に立つ一部の人々によって左右されていたのです。

そして、ときが流れ、今やグローバリゼーションの中心は、中国に向かって流れ始めています。中国のＩＴ技術は世界のトップに踊り出し、世界中の企業の目が中国という生産拠点へ向かっています。

地球を破滅から救うには…

人類が確実に破滅への道を辿っているこのとき、わたしたちは何をすべきなのでしょうか？　わたしたちに何ができるでしょうか？

グローバリゼーションの力に冒《おか》されて危機に瀕《ひん》している人類と、その人類が暮らす地球を救うために、世界中の心ある人々が「行為」しはじめました。１９９２年には、市民社会が主催する「地球サミット」がブラジルのリオ・デ・ジャネイロ行われました。

今このときも、市民活動家たちにより、世界各地でさまざまなサミットが開かれ、新しい力が生まれています。そして、グローバリゼーションを進める企業や国が行う経済会議が行われる所には、常に市民社会の波が押し寄せ、運動が繰り広げられているのです。

市民社会の力の影響を受けたのは、企業だけではありません。「政治」も市民社会を無視することができなくなりました。かつて政府は「経済」だけにその顔を向けていましたが、今や、力を持った市民社会にも注意を向けざるを得なくなりました。こうして、市民社会は恒久的な力となりつつあります。

1999年11月30日〜12月3日、シアトルでWTOの会議が開かれました。会場には先進各国政府の高官と企業のリーダーたちが集まり、そこでグローバリゼーションを押し進めるための作戦が立てられようとしていたのです。

同じ頃、シアトルの町には、5000人の市民が集まっていました。それは、グローバリゼーションに反対する人々でした。彼らは自らの自由な意志で、世界100カ国から集まってきたのでした。静かにデモ行進が行われました。シアトルの町の道という道は、5000もの人で埋め尽くされました。デモ隊によって道が塞《ふさ》がれ、WTOの会議に出席するために会場に向かったリーダーたちが乗った車は、シアトルの町々に大きく広がるデモ隊によって、動くことができなくなりました。そして会議は中断され、延期され、中止されました。

グローバリゼーションを進める企業のリーダーたちと、それを支える政府の高官たちは、更なる戦略を立てることができませんでした。そして、このとき初めて彼らは、自分たちが進めてきたグローバリゼーションを遮《さえぎ》ろうとする人々が、この地球上に存在するということに気づいたのでした。

これが、シアトルで起きたグローバリゼーションに反対する市民運動です。グローバリゼーションを進める世界のトップ企業が牛耳る「経済」と、市民社会が担う「文化」が真っ向からぶつかり合ったのでした。そして、このとき、世界のあらゆる場所で、異なる文化の中に怒濤《どとう》のように押し寄せ、自然を破壊し、人々の心を荒廃させ、世界を痛め続けてきたグローバリゼーションの流れが、このとき初めて止められました。そして、グローバリゼーションを進めてきた人々は、…もはや今までのように、世界を自分たちの思うように動かすことはできなくなった…と、初めて感じたのでした。

このとき人々は、市民社会が、「経済」「政治」と並ぶ力を持つということを、認識しました。…市民社会が「経済」や「政治」を変える力になり得る…という可能性が見えたのです。

2001年7月20日~23日、イタリーのジェノヴァで開かれたサミットには、西側諸国と経済協力をはじめたロシアが加わりました。資本主義国に破れた共産主義国ロシア(旧ソ連)が、グローバリゼーションに加わり、G8になったのです。

そのときジェノヴァには、世界中から約35万人の市民社会をつくる人々が集まりました。デモを繰り広げる市民に向かって発砲した警官の銃によって一人が殺され、また、デモに参加した約450人がケガをしました。逮捕された多くの人々の中にはシュタイナー学校の高校生もいたと聞いています。

世界各国の小さな地域で生まれた小さな市民社会が、やがて、国のレベルに成長し、世界のある地域レベルに、そして、地球レベルの市民社会に成長したのです。「環境」「エイズ」「人口」「教育」「人権」「女性」「原子力発電所」「遺伝子工学」等々に対し…今社会のありとあらゆる分野で、市民社会が生まれ、活発な運動が展開されるようになりました。そして、その流れの中でNGO(非政府組織)、NPO(民間非営利組織)が、次々と生まれてきたのです。

こうして市民社会運動は、1990代年には世界レベルの運動に成長し、その運動が世界に認められるようになりました。

わたしたちはどのような世界を創るのか?

市民社会の台頭によって、グローバリゼーションの流れは一時的に止められました。けれど同時に、市民社会が持つ力の限界もまた見えてきたのでした。市民社会が抵抗することによって、グローバリゼーションの流れを止めることはできましたが、抵抗するだけでは、世界に新しい流れを創りだすことはできません。抵抗することだけでは、新しい社会を創造する力にはならないのです。「止める」だけでは「理想」を実現することはできません。市民社会を創る人々は、そのことに気づき、新しい世界を創るための次のステップを模索しはじめています。

一方、市民社会の力によって、ジェノヴァで起きたことは、G８のトップたちにも…新しい戦略を立てることを余儀なくさせました。

そのときからです。アメリカの一部の有力なメディアが、…市民運動家はテロリストである…と報道しはじめたのは。これもまた、グローバリゼーションを進めるために企業と政治が立てた戦略でした。そして、さらにメディアの支持を受けながら、CIAは市民社会の抑圧をはじめたのでした。

しかし、歴史は示しています。…政府の圧力によって、市民社会運動の歩みを遅くすることはできはしても、そこに参加する個々人の自由は、決して抑圧することはできない…と。…個人を殺すことはできても、思想を殺すことはできない…と。

わたしは確信しています…文化を支配するものが世界を支配するのだということを。…人々の世界観、信念は文化の中にあり、それによって人は行動するのだということを。

今、市民社会は岐路に立っています。そして、今わたしたちは、わたしたちの運動は、どのような世界を創ることを目指すのか？　と、自らに問い、答えを出さなければなりません。

人智学（精神科学）を学び、それを生きようとしているわたしたちが目指す社会は、言うまでもありません。…「社会三層構造」が実現される世界を創る…ことです。…「精神の自由」が保証され、「経済の友愛」が実現され、「法の下の平等」によって、すべての人の生きる権利が認められる 社会を創ることこそが、わたしたちの目標なのです。

政治と官僚の力が強い日本

日本をどのように変えるか？……さし当たっての、わたしたちの課題ですね。

日本は「政府」の力がとても強い国です。とりわけ官僚が強い力を持っています。政治家はわたしたちの意志で選ぶことができますが、官僚はわたしたちの手の届かないところで生まれます。エリート大学の出身者が「閥《ばつ》」をつくっています。彼らの手によって日本国の「政策」が練られ、彼らの手によってそれが「施行」されます。そしてまた、「司法」の領域も彼らの力によって支配されています。これが日本の現状です。

官僚が支配している限り、「政治」が国民のものになることはあり得ません。たとえ、選挙によってわたしたちが政治家を選んだところで、実際に「政治を行っている」のは、エリート官僚なのです。そして、彼らはエリート校によって生みだされ、つぎつぎと官庁に登場して、行政と司法をも含む「政府」を支配しているのです。

最近も、その事実をまざまざと見せるできごとがありました。

NGOと外務省、それに自民党の代議士、鈴木宗男氏がからんで起きたいざこざです。皆さまもきっと、その騒ぎを見聞きされたことでしょう。

1月21日、世界中の希望を担って、アフガニスタンの復興のための会議が東京で開かれました。世界から60カ国の代表が集まり、話し合われました。同時に世界のNGOグループの会議も持たれました。しかしあろうことか、その席に日本の二つのNGOグループの出席を外務省が拒否したのです。

アフガニスタンで活動を続ける、アルカイダの壊滅《かいめつ》を計って行われたアメリカ軍の攻撃は凄《すさ》まじいものでした。多くの人々の財産と生命を奪い、生活を破滅させ、自然を破壊しました。それ以前もアフガニスタン国内では25年来さまざまな戦いがくり広げられてきたのです。旧ソ連の軍事介入を受け、部族間の抗争による内乱が続いて国土は極端に荒れ、人々は疲弊《ひへい》しきっていました。そんな状況にあったアフガニスタンの人々を、献身的に支え、助けてきたのが、各国のNGOのメンバーでした。日本のNGOのメンバーも例外ではありません。

彼らの力なくして、アフガニスタンが復興を遂げられるとは考えられません。そして、彼らは有効な支援活動を行うための会議をもったのです。その会議に、あろうことか日本の二つのNGOグループの出席が外務省によって拒まれました。…政府にたてつく、政府の言うことをきかない…という理由で！　出席を差し止められたNGOグループの代表が記者会見し、抗議し、その経緯が国民の前に明らかにされました。彼らが主張するところによると、…外務省の決定は、自民党の代議士、鈴木宗男氏の意向を汲んだため、ということでした。それは、政府（外務省）の意向に従わないNGOグループの代表に反感を持った鈴木氏個人の横やりであったというのです。

国会の予算委員会の質疑の中で、時の田中真紀子外務大臣は、鈴木宗男議員の圧力があったことを明らかにする答弁をしました。が、野上外務事務次官は、それを…外務大臣の記憶違いである…と証言したのです。

真偽はともかく（国民の大多数が、鈴木氏の関与があったことを確信しています）、このことでも分かるように、大臣の答弁を予算委員会で「記憶違いである」とくつがえし、断言することが許されるほど、日本の官僚は強い力を持っているのです。（ちなみに、外務省の官僚が、政治家である鈴木氏の前に屈服しているように見えますが、これは彼らの利害が一致したからであって、もし、利害が相反するものであったら、屈服することはなかったはずです）

鈴木氏はこの事実を否定しています。外務省の野上事務次官も否定しています。田中真紀子外相は、

鈴木氏の関与を主張しています。（注　1月30日付けで、田中外相は更迭されました）

このできごとは、…日本国の「政治」と「官僚」が「文化」の領域を侵すほどに強い力を持っている…ということを如実に示しています。ＮＧＯはとりもなおさず市民社会の活動であり、「文化」の領域の中にあります。「精神の自由」が保証されていないところで、「文化」活動はできず、「文化」の発展もあり得ません。しかし、日本国では、市民社会の活動が、このように「政治」によって、また「官僚」によって妨げられてきたという事実があります。

従って、わたしたちは日本の理想の憲法を、今こそ自立した市民社会を作ることによって自分たちの血肉にしなければならないと思います。

市民社会の活動によって、日本を変える

皆さまの前に、日本国の市民であるわたしたちが、今何をすべきか、ということが明らかになったことと思います。

そのためには、わたしたちは「社会三層構造」を実現することを目標とします。今までのことで、社会三層構造の考えは、現実に即した考えだということが、お分かりになったことでしょう。

繰り返しますが、「社会三層構造」の考え方は、わたしたちがつくる社会の中に存在する三つの領域「文化」「政治」「経済」…の力をバランスのとれたものとする、という考え方です。そして、三つのそれぞれの領域は独立し、それぞれが、互いに冒《おか》すことなく活動する…という考え方なのです。「精神の自由」は「文化」の領域であり、「経済の友愛」は「経済」、そして「法の下（もと）の平等」は「政治」の領域です。

この三つの領域の中で、今、わたしたちが直ぐに実践することができるのは、「文化」活動、すな

わち「精神の自由」の領域の活動です。

これまで、グローバリゼーションの流れに押されて、世界は「経済」に支配されてきました。そして、「政治」と、特に「文化」は、強大な「経済」の力によって押しつぶされようとしていました。

このような状況の中で、世界各地で市民社会が芽生え、その力が台頭して遂にグローバリゼーションの流れをくい止めることに力を発揮し始めました。今、「精神の自由」を掲げる市民社会と、グローバリゼーションによる「経済」の力とが、拮抗（きっこう）しています。そして、どちらも、これから進むべき道を模索している状態に在ります。

わたしたちは「市民社会」の一翼を担わなければなりません。「ひびきの村」は、世界に対して…教育によって世界を変える…役割を担っていると、わたしは確信しています。「文化」の領域にある活動の中でも、もっとも重要な役割をもつ「教育活動」を担うことこそが、市民社会の中で「ひびきの村」が果たす役割なのです。

だからこそ、わたしたちは、わたしたちの活動の核である「シュタイナーいずみの学校」を、フリースクールとすることを決めたのでした。フリースクールにすることによって、…シュタイナー教育に関心を持ち、我が子にシュタイナー教育を受けさせたい、と願う親御さんの子どもだけを教育する…という枠を取り外したのでした。

わたしたちは、これから「教育活動」を通じて、市民社会を創りあげたいと考えています。市民社会が強い力を持つためには、そこに参加するわたしたち一人ひとりが自由な存在であり、また自立していなければなりません。なぜなら、市民社会には独裁者もリーダーもいないからなのです。市民社会の活動は、わたしたち一人ひとりが自らの自由意志で決定し、自由に参加するものだからなのです。

自由になるために…

どのようにしたら、わたしたちは自由になれるのでしょうか？　自由な存在になるために、わたしたちは何をしたらよいのでしょう？

あなたは今、ご自分を不自由だと感じていらっしゃいますか？　それは、なぜですか？　あなたを縛《しば》って不自由にさせているものは何なのですか？　そうですね、あなたを縛って不自由にしているのは、古いものですね。家庭、地域、国が、あなたを縛って不自由にしているのですね。習慣、しきたり、規則、習わし、慣習、伝統が、あなたを捉えて自由にさせないのですね。

あなたは、ほんとうに自由になりたいと願っていますか？　あなたは、あなたを縛っているさまざまなものから逃れて自由になりたいと、真底から考えているでしょうか？

あなたは、あなたが暮らす家や地域や国を、心地よい場所、安心する場所、あなたを支えてくれる場所だと感じてはいませんか？　そして、そこから出ることを躊躇（ためら）ってはいるのではありませんか？

あなたは、あなたが持っている知識、常識、身分、階級が、あなたを支えてくれるかけがえのないものだと感じていませんか？

あなたは、あなたの体験、学歴、経歴が、あなたを保証し、守ってくれるものだと信じているのではありませんか？

もし、あなたがほんとうに自由になりたいのであれば、あなたを不自由にしている、これらの古いものを捨てなければなりません。もし、あなたが何ものにも縛《しば》られず、何ものにも従わず、何ものにも命じられることなく、真に自由な存在になりたいと願うのであれば、心地よいもの、楽な道、馴染《なじ》みのあるものを捨てなければなりません。

今月のトピックス ________________________________

あなたが、あなた自身を変えたいと望むなら、古いあなたを捨てることです。新しい生命が生まれるためには、必ず古い生命は死ななければなりません。古い生命が死ななければ、どこに新しい生命が生まれる余地があるでしょうか?

捨てることは恐ろしいことです。死ぬことはもっともっと怖《こわ》いことです。ルドルフ・シュタイナーは、わたしたちが生きるこの時代を守り、導く精神的な存在、すなわち大天使がいることを告げました。その大天使の名はミカエル…ミカエルは、人類が「真のコスモポリタンになる」ために、わたしたちがあらゆる縛(いまし)めから解き放たれるように導き、守り、支えてくれます。

真のコスモポリタンとは、真に自由な人間を指します。真のコスモポリタンになるために、わたしたちは民族、文化、宗教、国家の枠を捨てて、地球上に暮らすすべての人と、新しい関わりを創らなければなりません。コスモポリタンとして真に生きることを可能にするのが真の共同体なのです。馴染《なじ》みのある場所、愛着のある物、親しい人、馴《な》れた仕事…すべてを捨てて、さあ、歩き出しましょう! ニカノールは力強くこう断言しました。

「一人ひとりが変わることでしか、社会は変わりません。わたしたちの前には、市民社会へつづく道があります。その道を怖れることなく進むのです」

願わくば、人智学を学び、それを生きるわたしたち一人ひとりが自由になり、全世界と結びつきを持つことによって、人智学運動が世界に開かれたものになりますように…。そして、人智学運動が市民社会の運動を担う一翼として、力強い存在となりますように…。

より良い社会をつくるために

「境界線を越える」

**わたしたちの教育活動を、世界を変え得る
「市民運動」とする……。大村さんは決意しました。
境界線を越えたのです。
「エゴイズムを克服すること」も
より良い社会をつくることに参加する活動も
わたしたち自身が境界線を越えたときに始まります。**

さまざまな境界線

意識しているにしろ、していないにしろ、わたしたちは毎日多くの境界線を越えています。

夜眠るとき、わたしたちは「物質の世界」から「精神の世界」へと、境界線を越えて行きます。朝、目が覚めたときには、「精神の世界」から「物質の世界」へと境界線を越えて戻ってきます。

朝、家を出て職場へ入ることもやはり、「こちらの世界・家庭」から「あちらの世界・職場」へ移ることです。学校へ通っている人も同じように、「こちらの世界・家庭」から「あちらの世界・学校」へ、境界線を越えて行くのですね。

長いこと迷って買うことができなかった高いショールを、思い切って買ってしまったとき、あなたは境界線を越えた、と感じませんでしたか?

なかなか別れることができなかった恋人に、ようやくの思いで別れを告げたとき、あなたはきっと大きな境界線を越えたと感じたことでしょう。

「いやだ」「いやだ」と避《さ》けていた仕事を、思い切って引き受けたとき、或いは反対に、それをようやく

断ることができたとき。物心ついてから、ずーっと苦手で食べられなかったピーマンを、一切れ口にしたとき。心にのしかかっていた手紙の返事を書いたとき。ためていた仕事の山に、ようやく取りかかったとき。ほおっておいた手袋の編みかけを手にしたとき。…そんなとき、きっと、あなたは境界線を越えたと感じたことでしょう!

まだまだたくさんあることでしょうね。

「ひびきの村」で仕事をしていると、若いスタッフが「あっ今、境界線を飛び越えた!」という瞬間を見ることが度々あります。「ああ、わたしも通ってきた道だなあ…」とため息をつくこともありますし、「わたしはあんな思い切ったことはできなかった!」と感嘆することもあります。

境界線をなかなか越えることができずに、長い間足踏みをつづけている人もいます。永久に足踏みをつづけているつもりかしら? と思っていると、助走もせずにいきなり飛び越えてしまう人もいます。

人によって、越えなければならない境界線はさまざまに違います。同じような境界線でも、人によって越え方が違います。同じ人でも、場合によって、状態によって、一緒に仕事をする人によって越え方を変えることもあります。

見方によっては、わたしたちは朝目が覚めたときから、一日中、大小さまざまな境界線を越えながら生活していると言えるでしょう。ということは、生まれたときから今まで、わたしたちは境界線を越えつづけて生きてき、これからも死ぬまで境界線を越えつづけて生きてゆくのですね。

境界線を越えるために

「ひびきの村」にニカノール・ペルラスさんがいらっしゃいました。今までに、生命がけで大きな境界線を何度も越えてきた方です。「今月のトピックス」にも書きましたが、彼は、今人類が大変な危機に瀕《ひん》していることを憂い、大きな警鐘を鳴らして帰国されました。

彼は、人類がこの危機を脱するためには、たった一つの道だけが残されていると話されました。たった一つの道、それは、…わたしたち一人ひとりが、「イニシエイション」することである…と、示されました。

「イニシエイション」（人智学の本の中では、「秘儀参入」と訳されています）こそが、わたしたちが越えなければならない最も大きく、また困難な境界線を越えることなのです。

この地球上で暮らしているわたしたち一人ひとりが、その大きな境界線を、どのように越えたら、人類を破滅から救うことができるのでしょうか？

それを書く前に、ニカノールさんが指摘したことを、お伝えしましょう。

彼は、21世紀がはじまったまさにそのとき、人類がかつて経験したことがないできごとが、地球上で起きた、と話されました。その一つはイタリーのジェノヴァで起きたこと。もう一つは、世界中の多くの人々の心の中に、今も深い傷として残っているであろう、アメリカで起きた9月11日のテロです。

2001年7月に、イタリーのジェノヴァで先進8カ国会議（それまでは7カ国でしたが、昨年からロシアが加わって8カ国となりました）が開かれました。世界でもっとも富み、栄えている国々のリーダーたちが集まって会議を開いたのです。そこで彼らが話し合おうとしたことは、世界を支配しつづけて行くための戦略を練ることでした。つまりグローバリゼーションと呼ばれている、先進8カ国によって進められてきた、世界のグローバル化をこの先どのように進めていったら、富をより多くの自分たちの手にすることができるか？　そして、世界の経済を支配し、ひいては政治を、軍事を支配することができるか？　ということを話し合うためでした。

世界がグローバル化されるということは、大きな資本を持つ企業が、世界中の市場を独占するということです。そのために、富はますます一部の人に偏（かたよ）り、貧しい人はますます貧しくなることを強いられます。

今、アフリカで、中近東で、アジアで、南アメリカで、飢えて死んでゆく人がいます。世界の人口約60億人を2倍養えるだけの食料約21億トン（年間）が、世界中で生産されているというのに、なぜ、世界の人口の約19パーセントの人（1990年代半ば平均値）、つまり、11億以上もの人々が十分に食べ物を口にできずに死んだり苦しんでいるのでしょう?

わたしが暮らしている町のスーパーマーケットでは今日も、山のように果物が積まれ、売られています。肉も、魚も、総菜《そうざい》も、飲み物も、お菓子も、乾物も、缶詰も…。保存できるものはともかく、売れ残った生鮮食品はどうするのでしょうか?

勿論、値引きして売ります。夜7時半になると、ほとんどの生鮮食品には半額の値札がつきます。わたしも、「ひびきの村」のスタッフも「半額ショッパーズ」と呼ばれるほど、値引きされたものを買うことが得意です。

けれど、それにも限度があります。それでも売れ残ったものは…? 捨てられるのでしょうね。

アメリカのスーパーマーケットで並べられている食品の多さは、日本の比ではありません。文字通り、ブロッコリーも、キャベツも、ジャガイモも…山のようにうずたかく積まれています。

昔、旅したことのあるヨーロッパの国々でも同じような光景を見かけました。フィリピンでも、タイでも、大きなスーパーマーケットには、食品がたくさん並べられていたことを憶えています。

大きな企業が経営している世界中の店ではどこでも同じようなことが起きているのです。つまり、世界中の経済が、大きな資本を持っている、大きな企業によって支配されているのです。

大量に生産するために、今農業はどんどん機械化されています。アメリカの農場では、働いている人を見かけることがほとんどなくなったと聞きました。農場から離れた所にコントロール・センターがあり、そこでコンピューターを操作することによって、農作業のすべてが機械でされるからだそうです。

こんなふうに、かつては人の愛情と、エネルギーと、熱意によって生み出されていた農作物は、今や機械によって作り出される、工業生産物と化してしまいました。そこには、大地の恵みや宇宙の力が届くことが、ほんとうに少なくなってしまったのです。

グローバリゼーションは、こうして物を生産する過程の中で、人の力を極力省《はぶ》き、生産性を高めることで、利益を上げ、資本家の富をますます増やすための役割を果たしてきました。

勿論、「グローバル化」にも利点があります。ニカノールさんに「ひびきの村」にお出でいただけたのは、世界中の国々が飛行場を開放し、各国の飛行機が乗り入れられるようになったためです。これも、ひとつのグローバル化ですね。

グローバリゼーションについては、「今月のトピックス」と重複しますが、もう少し書かせてください。

ジェノヴァの闘い

グローバリゼーションが、人類を破滅に導いていること、地球を破滅に追いやっていることに世界中の人々が気づきはじめました。そして、世界のグローバル化を止めなければならない、という危機感を持つようになりました。

そう気づいた人々が、ジェノヴァで行われたＧ８の会議を阻止《そし》しようと集まったのです。35万もの人がジェノヴァの町を埋め尽くしました。町のあちこちでデモが行われ、車の通行を止めました。そのために、Ｇ８のリーダーたちは会議を開くことができませんでした。

そのとき多くの市民が大きな境界線を乗り越えました。この境界線を乗り越えたために、殺された人がいました。警察官から暴行を受けて怪我をした４５０人もの人もいました。もちろん逮捕された人も出ました。彼らにとって、境界線を乗り越えることは、文字通り生命を賭《か》けることだったのです。

世界の流れが止められた

会議を阻止されたＧ８のリーダーたちは、今や、自分たちの戦略をつづけることが難しくなったということに気づきました。

こうして、わたしたちの仲間が、勇気を出して境界線を越えたことによって、世界を支配してきたリーダーたちが、自分たちの作戦が有効ではなくなったことを感じはじめたのです。今、市民社会の台頭が、世界の流れを変えようとしているのです。

ジェノヴァに集まった人たちは、世界60カ国にものぼりました。35万人の中には、来ることを迷った人もいたことでしょう。「自分一人が参加して何になるんだ？」と思った人もいるでしょう。「自分一人くらい参加しなくても、何も変わりはしない」と思った人もいたかもしれません。けれど、それでもそういう一人ひとりが集まって、ついに35万人にもなったのです。

35万人すべてが、「自分一人が抜けても…」と思って参加することを止めていたら、グローバリゼーションを止める流れは生まれませんでした。35万人の一人ひとりが、「自分が行かなかったら、世界は変わらない」と考えて参加したのです。

人によっては、参加すると決めることは大したことではなかったかも知れません。ジェノヴァに住んでいて、デモがあることを知り、ほんの軽い気持で参加した人もいるかもしれません。デモに参加した人の中には、たまたまそこを通りがかった旅行者がいたかもしれません。その人達にとっては、境界線を乗り越えたという意識もなかったことでしょう。

反対に、世界の各地から、大変な費用をかけてジェノヴァに来た人もいたはずです。日本から参加した人もいたと聞きました。わたしは行きませんでした。その当時、わたしはその境界線を乗り越えようとは考えませんでした。

9月11日に起きたこと

「21世紀が始まるこのときに、人類はかつて体験したことがない二つのできごとを体験した」とニカノールさんが指摘されたうちの、もう一つのできごと、9月11日のテロについてご一緒に考えてください。

ニカノールさんも指摘されましたし、多くの人が気づいているように、このテロは、アメリカ合衆国の在り方に深く関わる事件でした。

「今月のトピックス」にも、そして、この項にも書きましたが、今、世界を支配しているのは、「経済」の力です。それも、G8と呼ばれる、いわゆる「経済大国」が有している巨大な企業が、世界を支配しています。その巨大な企業は、すでに無国籍と言われるほど、つまり、どこの国に属しているか分からないほど、世界中に会社を持ち、世界中の市場を独占しているのです。そして、多国籍企業と呼ばれている巨大な企業のほとんどが、アメリカを中心に活動しています。ことばを変えれば、それら巨大な企業の利益の一部は、アメリカ国家へ、税金として収められているのです。つまり、大企業の業績は、アメリカの経済、政治、軍事力に多大な影響を与えています。

ですから、大企業とアメリカ政府は利害を共有していると言えましょう。企業の不利益はアメリカ国家の不利益であり、企業の利益はアメリカ国家の利益でもあるのです。

アメリカの政策は企業の利益、不利益に左右されます。アメリカの政策は企業の利益、不利益によって決定されます。それは、２００１年に京都で開かれた地球温暖化会議で決議された「京都議定書」を、アメリカは蔑（ないがし）ろにしようとしたことに明確に表われています。

地球の温暖化がこれほど進み、世界中の人が心を痛め、憂い、知恵を出し合い、不自由を忍んでそれを防ごうとしているときに、アメリカは自国の「経済」を最優先するあまり、それを無視したのでした。

グローバル化を進める巨大企業が、アメリカ政府を動かし、それによって世界の歴史が変えられた例は、いくらでもあります。アフガニスタンの悲劇もそのうちの一つです。旧ソヴィエトがアフガニスタンに侵攻していた10年間、アメリカのＣＩＡはそれを阻止しようとしてパキスタン国内に、イスラム原理主義者を集めて軍事訓練をしました。そこで訓練を受けたアルカイーダと呼ばれる若者たちの手によって、旧ソヴィエトは敗退を余儀なくされ、アフガニスタンから手を引いた、という経緯があります。9月11日のテロを指揮したと言われているオサマ・ビンラディンは、そのときＣＩＡによって訓練された一人でした。

この確執は、中央アジアに埋蔵《まいぞう》されている原油の権利を手に入れようとする、旧ソヴィエトとアメリカの争いだったと、大方の人は見ています。こうして、紛争や戦争は、大国のさらなる利益を得んがために引き起こされ、多くの人に苦悩や困難がもたらされ、多くの人が飢えや貧困に脅（おびや）かされ、多くの子どもが病に倒れ、亡くなってゆくのです。

この背景には、もう一つの注目すべきことが隠されています。それは、軍事組織の資金を得るために、大麻が栽培されて麻薬がつくられ売られた、という事実です。そして、この組織は今でも健在であり、この組織を通じて、世界中に麻薬がばらまかれているのです。アメリカ合衆国の、「経済」を最優先する政策が、世界を戦争と貧困、麻薬と病苦に陥《おとしい》れていると言っても過言ではないでしょう。

アメリカが生み、育てたテロ組織、アルカイーダは世界中に70のグループを持ち、5000人ものメンバーを擁（よう）すると言われています。これから先、アメリカは、そのグループの一つひとつを、世界に誇る軍事力によって潰（つぶ）してゆくと宣言しました。

アフガニスタンを潰《つぶ》した後、アメリカが次の矛先《ほこさき》をどこに向けるか、世界中の人々が固唾（かたず）をのんで見守っていました。そしてアメリカが軍隊を向けた先は、フィリピンでした。今、フィリピンの南部ミンダナオ島のサンボアンガとバシラン島には、フィリピンの軍隊約1200人と、アメリカの軍隊約650人が合同軍事訓練という名の下に、フィリピン南部に拠点を持つと言われているテロ組織、イスラム過激派のアブ・サヤフの残有勢力48 1人を潰すべく、軍事行動をはじめています。

ハンバーガーを食べる

「マクドナルドのハンバーガーを食べることは、あなたの世界観を表しているのですよ」という、ニカノールさんのことばが、決して大げさではないということが、これでお分かりですか?

こんなことを話すと、「大村さんは、11年間もアメリカで暮らして勉強したのに、アメリカ嫌いなのかしら?」と思われるでしょうか?

ニカノールさんも言われていましたが、アメリカ市民と、アメリカ政府とアメリカ国家とは違います。このような政策は、アメリカのごく一部のエリートと呼ばれる人たちによって決められ、進められてきました。自分たちの利益のためにだけに…。

アメリカ市民の中にも、国家の政策に反対する人は多くいます。そして、その人達の力によって、国家の政策が変えられたこともあります。アメリカ市民であるわたしの友人たちは、世界中に大きな影響を与えているアメリカ国家の政策に心を痛め反対しつづけています。

けれど、アメリカの大統領を選ぶのは、アメリカ市民であるということもまた、事実です。アメリカには、10年経つとすべての公文書は公開されなければならないという法律があります。そのために、アメリカ政府が進めてきた政策のすべてがいずれ明らかになり、市民のだれもが、それを手に入れて、読むことができます。

9月11日以来、それまで自国の政策に無関心であったアメリカ市民の多くが、国の在り方や政策に関心を持つようになってきた、と聞きます。無理もありません。アメリカを憎むあまりに、110階もある二つの世界貿易センタービルにジャンボ機を体当たりさせ、3000人ともいわれる人の生命を奪った人々と、それを指揮した者たちが、この世の中に存在することを、アメリカ市民は目の当たりしたのですから…。

「アメリカ市民の選挙の投票率は、46%でしかない」とニカノールさんは指摘しました。今こそ、気づかない振りを止めて、彼らは境界線を越えなければならないときです。勇気を出して…。

ブッシュ大統領が、「アフガニスタンへの報復戦争」を宣言したとき、議会はたった一人、女性上院議員バーバラ・リー氏を除いて全会一致でそれに賛成しました。バーバラ・リー上院議院を一人除いた全員が立ち上がって、大統領に嵐のような拍手を送っているとき、彼女は一人、イスに腰掛けたまま動きませんでした。

彼女はどれほどの勇気をふるって、「NO」と言ったのでしょうか？　どれほどの気概をもって、イスに座りつづけたのでしょうか？　人としての尊厳と誇りが、彼女をしてその大きな境界線を越えることを可能にしたに違いありません。

勇敢にも、たった一人で境界線を越した彼女の名は、永久にわたしたちの胸の中で生き続けることでしょう！

今、一人でも多くのアメリカ市民が彼女の後につづき、境界線を越えることができるよう、世界中の人々が心から祈っています。

わたしたちは、何ができるでしょうか？ マクドナルドのハンバーガーを食べるのか？ スターバックスのコーヒーを飲むのか？ シェル石油のスタンドでガソリンを入れるのか？ 遺伝子操作された小麦でつくられたパンを食べつづけるのか？ アメリカから輸入した安い飼料で飼われているニワトリが生んだ卵を買いつづけるのか？

いまこそ、わたしたちは考え、決めなければなりませんね。境界線を越えるのか？ それとも、このまま手をこまねいて、境界線のこちら側に居つづけるのか？

シュタイナー教育を実践すること

「ひびきの村」で暮らすわたしたちは、今大きな境界線を越えました。「シュタイナーいずみの学校」を、フリースクールとする…と、わたしたちは決めたのです。わたしたちの学校の門を、すべての子どもに開きたいと切望して…。

わたしたちはそれによって、日本の教育に少しでも「自由性」が生まれることを願いました。フリースクールとした、ということは…どのような状況に在る子どもでも、どのような困難の中に在る子どもに対しても、どのような障害を持つ子どもに対しても、或いは、どのような思想を持つ両親の子どもに対しても、決して門を閉じない…ということなのです。

このことを決意し、宣言することによってわたしたちは、実に大きな境界線を越えたのでした。

それはわたしたちの手に余ることはないだろうか？ それによって子どもたちの成長を、正しく手助けすることができるだろうか？ 必要とすることを、子どもたちは学べるだろうか？ 父母たちの間で、考えが違いすぎることがないだろうか？ そのことによって、学校の運営に支障を来（きた）すことはないだろうか？

心配の種は、数限りなくありました。けれど、わたしたちは、…わたしたちの教育活動を、わたしたちの子どものためだけにするのではない…ということを、明らかにしたいと考えました。わたしたちは…わたしたちの教育活動を、世界を変え得る「市民運動」とする…と決めたのです。

「一度、境界線を越えたら、もう大丈夫」と言うことは決してありません。いえ、むしろ、一度越えたら、わたしたちの前には次々と境界線が現われるのです。

日本で今、シュタイナー教育を実践することは、実に大きな境界線を越えることです。

わたしたちが伊達市に移り住んだとき、農場を貸してくださったのは永谷ふみさんでした。「ひびきの村」のみんながふみさんを「おばあちゃん」と呼んで、心から敬愛しています。

そのふみさんが、わたしたちに「好きに使ってください」とおっしゃって農場を貸してくださったとき、ふみさんは大きな大きな境界線を越えたのでした。その後で、ふみさんがご親戚の方々やご近所の方々にたくさん、たくさん忠告を受けていたことを、わたしたちは知っています。それでも、ふみさんは頑《がん》としてわたしたちを庇（かば）いつづけてくださいました。

「いいんですよ。わたしが弱ったとき、あなたたちに面倒を見てもらうことになったら、きっとそのとき、あの人たちも分かりますよ」と、ふみさんはおっしゃいました。

「ああ、ふみさんは、わたしたちにお世話をさせてくださるんだ！　それほど、わたしたちを信頼してくださっているのだ！　そして、そのことで、わたしたちに、まわりの人の信頼を得させようとしてくださっているのだ」と、わたしには分かりました。

ふみさんは、見も知らぬわたしたちを助けようと決めたときから、お年を召した身体で、次々と高い境界線を越えつづけてきたのです。だれに相談することもなく黙って、静かに…。

わたしたちが、どうしてそれに応えずにいられるでしょうか！

「ひびきの村」が、伊達の町の人たちに認められるためには、まだまだ時間がかかりそうです。

若いスタッフがアルバイトを断られたこともあります。不動産屋に、アパートの斡旋《あっせん》を断られたことがあります。警察に内偵《ないてい》されたこともありました。「シュタイナーいずみの学校」に通って来る子どもたちが、いじめられたこともあります。町の人たちに、胡散臭《うさんくさ》い目で見られることは、今でもあります。

日本でシュタイナー教育を実践することは、わたしたちの予想をはるかに越えた高い境界線を越えることでありました。

「自分のこどもにシュタイナー教育を受けさせる」と決めた親御さんたちにとっても、それは実に高い境界線だったに違いありません。

年老いたご両親に、泣いて反対された人を知っています。その方も泣いていました。折角《せっかく》、苦労して建てた家を処分して来た人もいます。離婚して来た人もいます。親類から「本気なのか!」と言われて縁を切られた人もいます。「ひびきの村」に移ってきた人は皆、今まで営んできた生活と職を抛（なげう）った人たちなのです。

実に、実に、高い境界線を越えて来たのですね。

そして、今、わたしたちは再び境界線を越える準備をしています。

再び、高い境界線を越える

子どもも、大人も、みんなの力を合わせて建てた仮校舎…明るくて、温かで、木の香りがして…何にも増して、「自分たちの手で建てた」という喜びと誇りが、さらにわたしたちを幸せな気持にさせてくれます。校舎の完成を祝い、3学期のはじまりの会をもって2週間が経ちました。そして、今またわたしたちに困難がもたらされました。

わたしたちに、土地と建物を貸してくださった、須藤建設さんが、伊達市役所の建築課から呼び出しを受けて、叱責《しっせき》されたのです。…事務所として建築を許可した建物で、学校をするとはなにごとか…と。…「シュタイナーいずみの学校」は学校として認められていませんので、事務所を「塾」に貸した、と考えています…と須藤さんは応えられたそうです。

そして、「…立ち退かされることはまずないと思うけれど、こうなったら、計画していた増築は見合わせた方がいいと思う…」とおっしゃるのです。

日本でシュタイナー教育を実践してきたわたしたちは、いつでもこのような障害や困難を乗り越えなくてはなりませんでした。…仮校舎には5年…と考えていましたが、できる限り早く、自分たちの力で、自由に使える土地と建物を持つ必要があるということを痛感しました。

フリースクールになった今でも、子どもたちは、学籍がある地域の学校から呼び出しを受けています。いつになったら、親が、自分の考えで、自分の子どもの教育を選ぶことができるようになるのでしょうか？　この国では、いつになったら、教師が、自分の考えで教科書を選ぶことができるようになるのでしょう？　たったそれだけの自由を獲得するために、わたしたちは高い境界線を、今日も越えなくてはならないのです。

…日本中の学校をシュタイナー学校にしたい…と言っているのではありません。自分の子どもが受ける教育を、親が選ぶ「自由」が欲しい、と願っているのです。それが、そんなに難しいことでしょうか？　世界の大多数の国では、その自由が認められているというのに！

田中真紀子外相が更迭《こうてつ》されました。東京で行われたアフガニスタン会議に、二つのNGOグループが、外務省によって出席を止められました。それを指示したのが、自民党議員の鈴木宗男氏（北海道選出）である、ということの顛末《てんまつ》として…。

NGOの活動は、純粋に市民活動です。NGOとは、言うまでもなく、Non Governmental Organization（非政府組織）という意味です。NGOは、政府が介入することを避《さ》けて、自由に人道的に、急を要する援助を迅速《じんそく》に行うために、そして政治的利害に関わることなく、援助を必要とするあらゆる国の人に手を差しのばすことができるように、つくられた組織です。官僚が、ましてや政治家が介入する余地はありません。国際関係の難しさはあるでしょう。そんな場合には、官僚や政治家の助けが必要とされることもあります。助けられることがあっても、妨害されることなどあり得ません。けれどそんなことが取り沙汰されているのですから、日本国はいかに、市民が自主性をもって活動することが難しい国であるか、ということが分かりますね。

残念ながら、これが日本の実体です。わたしたちの国は今、このような有様なのです。そして、日本をこのような国にしているのは、わたしたちなのです。わたしたちが政治家を選んでいるのです。政治家を動かしているのは、官僚です。わたしたちは官僚を選ぶことはできません。けれど、官僚を育てている、日本の教育を変えることはできます。

シュタイナー教育を実践することは、日本の教育を変えることであり、教育を通してわたしたちは日本を変えることができるのです。

あなたは今日、境界線を越えましたか？

世界を席巻《せっけん》しているグローバリゼーションの流れを止めるために、そして、いつかその流れを変えるために…。日本の教育を変え、それをとおして日本を変えるために…。

あなたは境界線を越えたでしょうか？「そうは言っても、毎日の生活の中で、そんな大層（たいそう）なことはできないわ」と、お思いになりますか？そうですね。

「そんな恐ろしいことは、考えたこともないわ」

「シュタイナー学校に行かせたいと思うのは、自分の子どもに合っていると思うからだけ。それだけのことよ」

「日本の教育を変えようなんて思ったわけではないのよ」

勿論、それでもいいのです。あなたのその行為がやがて、否が応でも、日本の教育を変えることになるのですから！

今は怖くて、高い境界線を越えられない！と尻込みをしている方は、こうしてくださいますか？

…毎日、意識して、小さな境界線を越える…練習をしてください。こんな小さなことからはじめられたらいかがでしょう？

公園を通りがかったら、水道の蛇口《じゃぐち》から勢いよく水が出ていました。誰かが蛇口をひねり忘れたのでしょう。「あそこまで行って蛇口を止めるのは大変だわ。時間もロスしてしまうし」…目をつむって通り過ぎようとする、その心をむち打って、どうぞ、水道の栓《せん》をひねって水を止めてください。これで、水が無駄になることを防ぐことができましたね。そう、あなたは境界線を越えることができたのです。

職場の台所に行くと、今日も飲みっぱなしの湯飲みが二つころがっていました。毎日のことであなたはいやーな気持になりました。そのまま行ってしまいますか？「だって、いつものことなのよ。それにだれがしたかも分かっているわ。洗ってあげたら癖《くせ》になるから、構わない方がいいのよ」…ええ、あなたのおっしゃることは分かります。でもね、次に来た人が、あなたと同じようにいやーな気持になるのですよ。その人が、今日一日気分良く過ごせるために…洗ってあげましょうよ！　境界線を越えるって、気持がよいものじゃありませんか！

廊下に落ちているゴミを拾うこと。駅の構内では標識やルールを守ること。電車の中では携帯電話の電源を切ること。電車の座席はつめて腰掛けること。トイレットペーパーがなくなったら、新しいロールを入れておくこと。後から来る人のために、ドアを押さえて待つこと。借りた物はすぐ返すこと。伝言を頼まれたら、必ず伝えること。

たいしたことではありません。それでも、気を緩（ゆる）めると、わたしはしないことがあります。そして、境界線のこちら側で、のんびりと心地よく過ごそうと「ずる」しているのです。

大きな境界線を越えるためには、小さな境界線を越えることができなくてはなりません。小さな境界線を越えることによって、大きな高い境界線を越えるための力が得られるのです。

大きな境界線を、いつか越えることができるように、その日のために、小さな境界線を越える練習をいたしましょう。

あなたは今日、境界線を越えましたか？
いくつ越えることができましたか？
それはどのような境界線でしたか？

シュタイナー思想を生きる　わたしが出会った人 4

人智学共同体で暮らすこと

ナンシー・レオポルドさん

ひびきの村で働くアメリカ人、ナンシーさん。
何不自由なく育ち、結婚し、28歳のときに受けた、突然の『啓示』。人生が大きく変化しました…。
今、レオポルド夫妻は、新しい天地をオーストラリアに求め、旅立ちます。

他者のために生きる

（ねえナンシー、今、おおぜいの人が迷っているわ。何をしたらよいか分からずに途方に暮れているわ。わたしの本を読んでくれている人からも…どうやって、自分の使命を見つけたらいいんでしょう?……って、よく手紙をもらうの。あなただったらどんなふうに答える?）

「分からないわ、ユーコ。どうやって答えたらいいか、わたしにも分からない。ただ、たった一つだけ言えることがあるとしたら…さあ、今すぐ、あなたを必要としている人のところへ行って、助けてあげなさい。そうすれば、今までしたことのない体験ができるわ。そして、その体験からあなたは大切なことが学べるに違いないわ…って。それだけよ、わたしに言えるのは」

1月のある日、ナンシーとわたしは温かい陽がさし込む居間で、話をしました。「ひびきの村」の未来について、ナンシーの未来について…。

彼女は苦しんでいました。迷っていました。これから歩いてゆく道を探しあぐねて、彼女もまた途方に暮れて佇（たたず）んでいたのです。
「わたしは、『ひびきの村』で『お年寄りのためのホーム』ができたら、十分役にたてると思ってここに来たんだけれどねえ…」

未知の国、日本へ

わたしがはじめてナンシー・レオポルドに会ったのは、今から4年前のことでした。復活祭の休みに友人を訪ねてニューヨークへ行ったとき、フェローッシップ・コミュニティーで、彼女と会ったのです。その頃、わたしはサクラメントのルドルフ・シュタイナー・カレッジで仕事をしていました。「日本にシュタイナー学校をつくりたい、そのために学校の母胎となる『人智学共同体』をつくらなくては…」と考え、その準備をはじめていたのです。

わたしはカレッジで集会を持ち、「日本に『人智学共同体』をつくりましょう」と呼びかけました。
「すごく良い考えだとは思うけど、大変そう…」
「できたら素晴らしいけど、でも、日本でできるのかしら?」
「すこし様子を見てから…」

集まった人の多くは賛同しながらも、いかにも困難なその仕事を、敢《あ》えて選ぼうとする人は、僅（わず）か数人でした。

決意したわたしたちは話し合いを重ねました。そして1996年の夏からその中の5人が伊達市に移り住み、「ひびきの村」の基盤をつくることを決めたのです。

5人のパイオニアにとって、伊達市は聞いたことも見たこともない土地であり、そこには知人も友人も、ましてや親類も家族もいませんでした。シュタイナー・カレッジでのわたしの仕事を引き継いでくれる人がいなかったので、わたしはすぐに彼らと共に、日本に戻ることができませんでした。そして、頻繁《ひんぱん》にアメリカと伊達市を往復して、彼らと共に仕事をはじめたのでした。

わたしたちは小さな農場でバイオダイナミック農業をはじめ、2軒長屋を借りて幼稚園をはじめ、週に一度の小学生のための芸術教室をはじめ、ワークショップ、講演会等…わたしたちの力でできることを着々としていきました。

そうして1年が経ちました。勇敢なパイオニアたちもさすがに疲れているようでした。すべてを自分たちで考え、すべてを新しく創り出す仕事は、若い彼らにとって、どれほど困難であり、重荷だったでしょう。加えて、毎日朝から晩まで、同じ仲間と顔をつきあわせて生活することが、彼らの間に強い緊張関係を生み出しました。

彼らは苦悩し、「危機」の中にいました。そのままの状態では、遠からず争いや諍（いさか）いが起こり、憎しみがうまれることも予想されました。

「外に出さなくちゃ！　もっと広い所に出して大きく呼吸ができるようにしてあげよう！」

そう考えて、わたしは彼らをアメリカ東部にある「人智学共同体」に行ってもらうことを決めました。

消えかけた理想の火が、もう一度、彼らの内で燃えさかるように…と祈りながら、彼らを、わたしの親しい友人が働いているニューハンプシャー州にある「キンバートン共同体」と、ニューヨーク州の「フェローシップ共同体」に送りました。

共同体で働く人々

わたしがアメリカ東部にあるいくつかの「共同体」を訪ねたのは、今から10年も前のことでした。そこで出会った人たちの姿は、今でもわたしの心にいきいきと生きつづけ、わたしを励まし、支えてくれています。

彼らは懸命に働きつづけ、1週間一日、それも週末に半日と、週日に半日休むだけでした。

「そんなに働きつづけて大丈夫ですか？」と訊（たず）ねるわたしに、「必要とされているからね。必要とされている仕事をしている間は大丈夫。自分の欲で働くと…フッフフ」と、笑って答えるのでした。

彼女は、その共同体の会計を一手に引き受けていました。

彼女と話した後、わたしはもう何も口に出すことができませんでした。訊《たず》ねることも、ましてやわたしの思いや考えを述べることなど、何の価値もないと感じられたのです。そして、1週間、わたしはただただ彼らと共に黙々と働いたのでした。

そこでは、だれもが「人間としての尊厳」を大切にし、大切にされていました。障害を持っているからといって、決して甘えず、甘やかさず、必要以上の手助けを求めず、与えず、共に学び、働き…だれもが自らの存在の尊さを感じているようでした。そこに暮らしているすべての人の中に、わたしはキリストの姿を見たと感じました。

わたしの「人智学共同体」体験の原点は、そこにあります。献身的に働く彼らの姿が、いつもわたしの胸の中にあります。

「ひびきの村」のパイオニアたちにも、「人智学共同体」の原点を体験して欲しいと、わたしは願いました。そして、彼らの胸の中にある「理想」の灯火(ともしび)を、もう一度自分たちの手で高く掲げて欲しいと願いました。

オリンピック・ゲームが開かれるとき、ギリシャのオリンピアからそこへ「火」が運ばれるように、「人智学共同体」の原点を訪ね、その「火」を自分たちの手で「ひびきの村」に持ち帰って欲しいと、わたしは心から願ったのです。

フェローシップ・コミュニティー

パイオニアたちの一人は、ニューヨーク州のスプリングヴァレーにあるフェローシップ・コミュニティーに行きました。アメリカで初めて生まれた「人智学共同体」です。彼女は、そこでナンシーとサムに出会いました。

(長い歴史のある、しっかりした共同体で働いていたあなたが、生まれたばかりの「ひびきの村」で暮して、ずいぶん戸惑うことが多かったでしょう?フェローシップのことを話してくれる?)

ナンシーはしばらく考えた後こう話してくれました。

ユーコはラルフ・コーニーという名を聞いたことがある? 彼は、ルドルフ・シュタイナーの近くにいた数少ないアメリカ人の一人なの。彼は若い頃、ヨーロッパで暮らしていてね、シュタイナーの講演を聞いたんですって! それですっかりシュタイナーに傾倒して彼の弟子になったのね。

で、ある日シュタイナーが彼に言ったそうよ。

「アメリカに帰りなさい。そして、アメリカに人智学の火を灯(とも)しなさい。それがあなたの役目ですよ」

ラルフは、シュタイナーをとても慕い、心から愛していたので彼の傍《そば》を離れることはとても辛かったと言うわ。周囲の人も、「シュタイナーは彼をまるで息子のように可愛がっていた」と言っていたそうよ。

ラルフは、「自分では、そうは感じられないけれど、シュタイナーがそう言うなら、きっとそれが自分の役割なのだろう」…そう考えて、直ぐにアメリカへ戻ることを決心しました。

彼がニューヨーク市に戻ってまず、小さなベジタリアン・レストラン(菜食主義者のためのレストラン)をはじめました。そこには環境問題、女性問題、人権問題など、生活の中で起きるさまざまな問題に取り組んでいる人々が集まるようになりました。

その中に、シャーレット・パーカーという女の人がいました。彼女は人智学にとても興味を持ち、ラルフがはじめた勉強会に参加しました。そして、彼と一緒に「人智学共同体」つくろうと決めたのです。「共同体」こそが、…人が共に生きるための、未来の理想の形である…と確信したからです。

彼女には親から受け継いだ大きな財産がありました。しかも、彼女は独身でしたから、だれに相談する必要もなかったし、ましてやだれの許しを得る必要もありませんでした。

そうして彼女はニューヨーク市の郊外の、スプリング・ヴァレーに土地を買いました。そこでバイオダイナミック農場をはじめたのです。週末になると、ニューヨークで暮らす人智学徒が集まり、ワークショップをするようになりました。彼らは林の中にテントを張って寝泊まりしていましたが、やがてつぎつぎと家を建て、ニューヨーク市から移り住んでくるようになりました。これが、フェーローシップ・コミュニティーのはじまりです。1920年代のことでした。

それから農場が広げられ、農作物と食品を売る小さな店がつくられ、医療センターができ、出版社ができ…共同体は、少しずつ成長してゆきました。そして、1950年に、小さな幼稚園がはじめられました。実は、わたしが「人智学」と出会ったのが、この幼稚園だったのです。

わたしの生い立ち

(ナンシー、あなたの生いたちを話してくれる?)

ニカノールの話を聞いて、実感したことがたくさんあったの。中でも、…アメリカの中流社会の人々の暮らしを支えるために、グローバリゼーションが進められた…ということばは、ほんとうに身に応《こた》えたわ。それが真実だから…。わたしはうすうす気づいていたのに、知らないふりをしていたから…ね。

わたしは今言ったように、典型的なアメリカの中流家庭に生まれたの。両親ともイギリスのピューリタンの家庭の出身で、大学を卒業した後、すぐに結婚し、父は大きな会社に勤めました。母は専業主婦で、わたしたちはニューヨーク郊外の閑静な住宅街の中の大きな家に住んでいました。

欲しいものは何でも手に入りました。週末には近くの湖でピクニックをし、ボートを浮かべ、長い休みになると、家族揃って外国に旅行し、わたしたちは何不自由のない生活をしていました。

わたしは人から与えられるだけの存在でした。必要なことはすべて、まわりの人がしてくれました。わたしは結婚するまで、洗濯も料理もしたことがなかったんですよ。

十代になったある日、わたしは苛立《いらだ》っている自分に気がつきました。なぜ、何に対して苛立っているのか分かりませんでした。けれど、とにかくわたしはいつでもイライラして、不安定な心を抱えていたのです。何をしても落ち着きませんでした。いきなり怒りがこみ上げてきて大声を出したり、意味もなく涙があふれて怺(こら)えられなくなったり、両親に不信の念をいだいたり、先生を急に疎(うと)ましく感じたり…。わたしはとても不幸《ふしあわ》せだと感じていました。

わたしはだれかれとなく訊《たず》ねました。「わたしは何のために生まれてきたの?」「わたしはなぜここにいるの?」「あなたたちはいったい誰なの?」と…。

けれど、だれ一人答えてくれる人はいませんでした。両親も、先生も、わたしのまわりにいたすべての大人たちの誰一人として、わたしの問に答えられる人はいなかったのです。

楽しいこと、面白いこと、嬉しいこと、心がうきうきすることはたくさんありました。美しいもの、高価なもの、贅沢（ぜいたく）なものもありました。けれど、それを支えているものは何もなかったのです。今考えると、贅沢《ぜいたく》な生活を支えている「精神性」を見出すことができなくて、わたしは不安で、恐ろしくて、不安定だったのですね。

いつだったか、新聞を読んでいたら、日本では「パラサイト（寄生虫）」ということばが流行している、って書いてありましたが、わたしの生き方は文字通り、「パラサイト」だったのです。

そのことを、わたしはずっと後になって気がつきました。人智学を学ぶようになって、ようやくその理由が分かりました。…わたしたちの生活には「精神性」のかけらもなかったから…それが、わたしをいらいらさせ、わたしが不幸せだと感じていた原因だったのです。

わたしの「精神の放浪の旅は」それからもつづきました。高校時代は、アメリカの中をほうぼう旅しました。でも、どんなときにも最後には家に帰ってこなければなりませんでした。「ここはわたしのいる場所ではない」と思っていた家に…。それはとても辛いことでしたよ。

大学に入ってからも、「ここじゃない。わたしが探していたのはここじゃない」…そう、わたしは強く感じてヨーロッパに行きました。

勿論、ヨーロッパにだって「わたしの家」があるわけじゃありません。わたしは疲れ果てて、とうとう結婚しました。一時（いっとき）でも、安らげる「家」が欲しかったのです。

けれど、新しくはじめた生活の中でも、わたしは常に受け取る側にいました。夫は芸術家でしたので、彼のまわりには面白い人たちが集まり、わたしの家はいつも賑《にぎ》わっていました。夫が取材旅行に行くときには、わたしは必ず彼について行きました。わたしが働かなくとも、必要なものは手に入りました。

はじめての啓示

こんな生活をつづけていたわたしに、「なぜ?」と今思い返しても不思議なのだけれど…ユーコ、わたしは啓示を受けたのですよ。あなたにも、きっと同じような経験があるのでしょうねえ。

ある日、ベッドの中で目が覚めたら、わたしは「看護学校に行こう。そして、看護の勉強をしよう」…そう決めていたのです。「どうして看護学校なの?」って、何度も人に聞かれたけど、わたしにも分からないのよ。ほんとうに、まったく突然、気がついたときにはそう決めていたんですもの!

わたしは直ぐに入学の手続をして、勉強をはじめました。

それはわたしが28歳のときのことでした。それまで、手当り次第にいろいろなことを勉強したけれど、最後には大学院で「英文学」の修士号を取っていたから、わたしはいつか、カレッジで教えるか、随筆家になるか、文芸批評家になるだろうと思っていました。それまで、わたし自身が医療にも、看護にも、まったく関わったことがなかったし、親類にも、知人にも、医療や看護に関わっていた人はいませんでしたから…。

看護学校で、わたしは生まれてはじめて「わたしは正しいことをしている」「わたしがしていることは世界が必要としていることだ」と感じられました。それは素晴しい体験でした。

実習をしたときは、心の底から喜びがわき上がってきました。「わたしは必要とされている」…そう感じることがどれほど大切なことか!…そう感じることがどれほど人を生かすことか!…ということをそのときつくづく思い知りました。

シュタイナーと出会う

看護学校を卒業したとき、妊娠していることが分かって、わたしはその年に長男のサイモンを出産しました。

夫とわたしは、子どもが幼児期を過ごすために相応《ふさわ》しい場所を探して、ニューヨーク郊外に移り住みました。それがスプリングヴァレーだったのです。

そのとき、わたしは生まれてから9歳までニューヨーク市内で暮らし、その後、わたしたち一家はスプリングヴァレーに移ったこと。少女期をそこで過ごしたことを思い出しました。信じられないかもしれないけれど、わたしはほんとうに長い間、そのことを忘れていたんです。

啓示を受けて、わたしは看護婦としてのトレーニングを受け、ようやく世界とのつながりを持てるようになったけれど、子どもを出産したために、また、家に閉じこもり、受け身の生活をしなければならなくなりました。

家のまわりには美しい自然があったし、夫は優しく、子どもは勿論可愛くて…わたしは平凡で、何ごともない幸せな生活を送っていました。けれど、わたしはいつだって「啓示」を忘れたことはありませんでした。

サイモンが5歳になったとき、わたしは彼のために幼稚園を探しはじめました。家の近くにあった幼稚園を訪ねたとき、「ここは違う。サイモンが来るところではない」と、強く確信しました。それだけは分かりましたが、わたしが望んでいる幼稚園がどんなものであるのか、それはどこにあるのか…ということは、分かりませんでした。はっきりしていたことは、ただ、「この幼稚園ではない」ということだけだったのです。

翌日、母から電話がありました。「その幼稚園ならきっと、あなたのは気に入ると思うわ」…母の友人のお孫さんが通っている幼稚園に行ってみるように、と母が言ったのです。

サイモンと、当時2歳になっていた次男のニコを連れて、その幼稚園を訪ねました。聞いてきた所番地に車を止めて降りたとき、「なーんだ！　わたしはこの場所をよーく知っているわ！」と、思いました。

そこは、ニューヨーク市内から引っ越してきた頃、父と一緒に干し草を買いに来ていた農場だったのです。田舎暮らしを嫌っていた少女期のわたしが、たった一つ気に入っていた場所…、それが、今、幼稚園に変わり、わたしの目の前にあったのです。薔薇《ばら》の蔓（つる）が絡（から）まっている、小さな門を広げて…。

わたしはウキウキしながら、二人の息子の手を引いてその門をくぐりました。

「ここは、わたしが好きだった場所だわ！」

幼いわたしが好きだった場所は、当時「社会三層構造」を実践している「人智学共同体」のバイオダイナミック農場だったということを、わたしは後で知りました。

とっても不思議な気持でした。わたしの記憶の中から消えていたこの場所に、20年もの間、わたしは足を踏み入れたことがありませんでしたのに。わたしは導かれていると感じました。勿論、ここがわたしが探していた幼稚園かどうか？　なんて考える必要などありませんでしたよ。

それはわたしが35歳のときでした。「啓示」を受けて看護学校に行ってから、すでに7年がたっていたのです。

共同体で働く

驚いたことに、シュタイナー幼稚園の保育料は、年間５０００ドルもしました。その当時の５０００ドルは大変な額です。公立の幼稚園に行かせたら、ほとんど無料だったのですから…。

我が家の家計にとっても重大なことでした。

（「社会三層構造」を実践している所なのに、保育料は一定の額を決められていたの？）

そうなの。その話をするととても長くなるから、他の機会にね。ともかく、わたしは事務の人と話をしました。その多額な保育料を払うためにはいろいろな方法があることを知ったけれど、最後には、「あなたはそれほどのお金を必要としているのですか？」と聞かれたのです。そして、

「保育料と交換に、ここで働くこともできますよ」と言われたのです。

「それはいい方法だわ」と、思ったけれど、わたしは自分が「いくら必要なのか」分かりませんでした。ただ、保育料が高い！　大変だ！　なんとかしなくちゃ！　と、それだけを思っていたのです。

わたしはその問に答えられなかったことがショックでした。そのとき自分がとても曖昧（あいまい）に生きているということをわたしは思い知りました。

「ニコがまだ2歳だし、共同体のことも分からないから…」と言って、働くことは断りましたが、ほんとうはそんなことが理由ではなかったのです。

わたしは自分自身のことも、自分の生活も、自分の生き方も、何もわかっていない…そのことに打ちのめされたのでした。それで、結局わたしはまた家に引きこもることになったのですが、それも今度はそんなに長くありませんでした。

幼稚園で行われるさまざまな行事に、わたしは積極的に関わるようにしました。それに、なんといっても勉強会に入って人智学を学びはじめたことが、その共同体を理解するために大きな力になったのです。

そして、ニコが幼稚園に通うようになって、わたしはフルタイムの事務員として共同体で働きはじめました。そのときには、「いくら必要なのか」ということがはっきりしていました。

スプリングヴァレーの共同体には、「フェローシップ」というお年寄りのためのホームがあり、わたしは看護婦として、人の役に立つことができたのです。ニューヨーク州の法律で決められている、さまざまな基準の中に、…看護婦の資格を持っている者が従事している…ということがあり、「フェローシップ」でわたしが働いていることが、そこに関わるすべての人にとってどうしても必要だったのです。

…春の朝、ベットの上で受けた「啓示」は、こういうことだったのね！　そのとき、わたしはようやく理解しました。

それまでは与えられ、受け取るばかりだったわたしの人生が、すっかり変わりました。ようやく与える側にまわることができて、わたしはとても嬉しかった！　幸せでした！　長い間探し、求めていたものが、そこにあったのです。

（人智学はあなたにとってどういうものだったの？それまであなたが学んだことや体験してきたことと、人智学が示すことは同じだったの？）

お年寄りの世話の仕方は、わたしが学んできたこととは、ずいぶん違ったわ。…具合が悪いから、起きあがれないから、身体を動かすことができないから…だから世話をする、手助けする…フェローッシップ・コミュニティーでしていることは、そういうことではなかったの。

ベットから起きあがれる人は、どんな人でも身繕《みずくろ》いして、食堂に集まり、きちんと食事をする…それができるように、わたしたちは全力で手助けしていたのよ。

それから、学ぶこと、芸術活動をすること、コミュニティーの運営に携《たずさ》わること…お年寄りにもそういうことが勧《すす》められていたわ。

フェローシップ・コミュニティーで暮らす人は、世話をしてもらう人も、世話をする人も、同等であり、みんなが人間としての誇りと尊厳を持っていたの。それが、それまでわたしが暮らしていた世界と違う点だわね。

それから、わたしが感動したことは…人智学は、物質の世界をおざなりにしないこと…でした。たとえば、「フェローシップ・コミュニティーで行われているお年寄りのお世話も、医療も、人智学を基にしているのだから、これまでわたしが学んだことは捨てなくちゃ、忘れなくちゃ…」とわたしは考えていたのだけれど、それはまったく間違っていた、ということが分かったわ。つまり、人智学の考え方は、物質の世界を十分学び、理解し、認識し、その上で、「心」と「精神」の領域に至るのだということが分かったのよ。

つまり、「人智学」はこの現実の世界を理解し、認識することからはじまるのね。「人智学」は現実の世界をとても大切にしていて、見えないものが見えるようになるとか、聞こえないものが聞こえるようになるためのものではないのね。ほんとうの「精神性」が、ここにある、って…わたしは強く確信したのよ。

自立する

夫に頼ってばかりいた妻が、ある日目覚めて自立しようとしたとき、どうしても確執《かくしつ》が生まれるわね。ユーコ、あなたもそうだった、って話してくれたことがあるけど…。わたしも辛かったわ。

「人智学共同体」で昼間仕事をし、夜は家に帰って普通の生活をすることが、だんだん辛くなってきたの。「精神の力」の働きを強く認識する人たちが共に生きている世界と、「物質の力」だけに依拠《いきょ》している世界を行き来することは、ほんとうに辛いことだった！

夫はほんとうに善い人だったのよ。勿論、彼にはなにも落ち度がなかったわ。でも、どうしても一緒に暮らすことができないと感じたので、わたしたちは別れることにしました。サイモンとニコから父親を奪うことになって…それがいちばん大きな、わたしの心の傷となったわ。勿論、彼にとっても、子どもたちにとっても大きな傷となった。

そして、わたしたち母子3人は、フェローシップ・コミュニティーに移り住んだのです。そこでは、みんながとても忙しく働いていたから、わたしも自分の子どもと一緒にいられる時間は少なかったけど、子どもはみんなで育てるものだと考えていたから…サイモンとニコもそれは理解していたと思うわ。勿論、寂しいと感じることもあったでしょうけど、家族だけの小さな家庭では体験できない、素晴らしいことをたくさん体験することができたから…。

…大人になったら、ここで育った意味が必ず分かる…と、わたしは信じていたの。彼らが十代の頃は大変だったけれどね。でも、他の子どもたちみんながそのプロセスを通り過ぎて行った様子を見ていたから、わたしは少しも心配しなかったわ。それに、子どもたちは、お互いに助け合ってもいたし…。

コミュニティーで暮らす大人たちは、どんなときでも、「子どもたちにとって最善の環境は？」と考えているのよ。自分たちの在り方、働き方、生き方、考え方、感じ方…それが、もっとも大きな影響を、子どもに与えるということを、みんなが分かっていました。中でも、大人たちの関り合い方を、子どもたちはいつも見ていますものねえ。

…わたしはこの人にどんな話し方をしているか？　わたしはあの人にどんなことばを話したか？　わたしは彼に対してどんな表情をしたか？　どんな態度？　どんな仕草？　どんな目つき？…。

わたしたちを見ながら、子どもたちは学んでいるのです。…わたしたちがどのように共に生き、共に働くのか？……それが、彼らの未来を決めるのです。みんな、真剣にならざるを得ませんでしたよ。

日本へ、「ひびきの村」へ

そうして、「ひびきの村」に来るまでの13年間、わたしはフェローシップ・コミュニティーで暮らしました。

その間に、サムと出会い再婚しました。二人とも50歳の声を聞き、そろそろ、生き方を変えるときが近づいてきたかな…と感じていたとき、祥美（よしみ）に出会ったのです。

遠い日本から来た小さな女の子（祥美さんは当時32歳でした）は、大きな夢を語ってくれました。…生まれたばかりの「人智学共同体・ひびきの村」で、いつか、お年寄りと一緒に暮らすホームをつくりたいと考えている…って。

サムは真剣に考えはじめました。「『ひびきの村』に行って手助けをすることが、わたしたちの次の使命なのではないか」と…。話し合い、考え、瞑想《めいそう》して…わたしたちは「ひびきの村」へ行く…と決めたのです。

その翌年の復活祭にはあなたがフェローシップ・コミュニティーを訪ねてきたのだったわね。そのときは、日本へ行く準備をするために、わたしたちがフェローシップ・コミュニティーを出る1週間前のことだったわ。

ほんとうのことを話せば、「ひびきの村」に行って働くことが、わたしたちの使命であるかどうか…わたしには確信がなかったのよ。けれど、サムの内に生まれた確信はほんとうに強かったの。わたしは「それほど強く確信しているなら、サムを助けよう！」と決めたのです。それと、前にも話したことがあると思うけど、…ニコの運命が東洋に、日本に向かっている…と感じていたので、大人になる前に、一度、日本を体験させてあげたい…ということも、日本に行くと決意したもう一つの理由でした。

わたしが感じていたように、ニコは、もう日本へ戻ってきたわ。ずいぶん成長して。（1998年に、両親と一緒に「ひびきの村」に来、1年間滞在した後、ニコはニューヨーク州、スプリングヴァレーの

「グリーンメドウ・ワルドルフ・スクール」に戻り、勉強を続けていました。そして、卒業プロジェクトを…「ひびきの村」で働くこと…として、クラスメートと二人で今「ひびきの村」に滞在し、働いています）

「ひびきの村」で

わたしたちは「ひびきの村」で、今まで体験したことのない、多くのことを体験しました。わたしたちが働いていたフェローシップ・コミュニティーは、生まれてからもう80年も経っています。ほとんどの部分が完成されていて、システムもしっかり機能していましたから、わたしたちはその中でただ働くだけで良かったのです。勿論、それなりの苦労や困難はありましたけどね…。

わたしたちをいちばん戸惑わせたことは、「お年寄りのホームをつくる」という計画が、「ひびきの村」ではまだ芽を出していない状態だった、ということでした。わたしがもっとも必要とされているところ、と確信していたものがここにはありませんでした。それに、これから生まれるかどうかも分かりません。

サムとわたしは、ここで何をしたらよいのか、何ができるのか、考えました。ことばの分からないわたしたちができることを…。スタッフのほとんどが英語を話し、理解することはとても幸運なことでした。が、それでもみんなが話していることの半分も分っていない、という焦《あせ》りをいつも感じていたのです。

ユーコ、あなたが「『ひびきの村』の構成をしっかりするために、手伝って欲しい」と言ってくれたときは、ほんとうに嬉しかったわ。ようやくわたしたちが役に立てる、っていうことが分かって！

請《こ》われるままに、わたしたちはエグゼクティヴ（運営委員会）のメンバーになりました。サムは、フェローシップ・コミュニティーの「組織」や「仕事の仕方」を、「ひびきの村」に取り入れようと一生懸命でした。

でも、あなた方は賢明だったわ。「ここは日本よ。「ひびきの村」よ。フェローシップ・コミュニティーのやり方が良いとしても、そのやり方がここで同じように機能するとは限らないわ。もっと考えましょう。そして、ここにいちばん合うやり方を見つけましょう！」と言って、あなた方はサムの主張をそのまま取り上げることをしませんでした。

サムもわたしもフラストレーションがたまり、ときどき爆発させてしまうことがあったわね。それに、わたしは更年期を迎えていて…ユーコ、あなたと二人で、よくぼやいていたわね…気持が沈むことが多く、とても辛かったわ。

1999年の秋には「自然と芸術と人智学を学ぶ」大人のためのプログラムがはじまって、サムとわたしはそこで教えることを必要とされました。サムはともかく、わたしは「教える立場」になることを、考えてもいなかったので、いつまでも馴《な》れず、正直言うと今でも苦痛なの。

（でも、あなたの授業は素晴らしいわ！　受講者はみんな喜んでいるわよ。必要なことを学べた、って！「介護」や「ホームケア」のワークショップを、また受けたい、という人がたくさんいる、って知っているでしょう？）

ええ、知っているわ。ありがとう。それでも、苦手なことはいつまでたっても苦手なのよ。

もう一度、力を試そう！

2年前に、「ひびきの村」が「教育活動を柱に据《す》える」と決めたとき、「わたしたちがいても手助けできないわ」と思ったの。ええ、大人のプログラムで教えることは、多少の助けにはなっているでしょう。けれど、もし、日本人で教えられる人がいたら、その方がずっと良いもの！

（そんなことないわ。たとえ、通訳を介すことが必要でも、あなただから伝えられる、っていることがあるわ。あなたの人生が伝えてくれるものがあるわ。あなたの人格が伝えてくれるものがあるわ）

ありがとう。あなたの言うとおりだわ。必要とされる限り、教えようと、今は思っている…。

でもね、わたしたちはことばが通じない限界をつくづく感じているのよ。会議でも、何でも、わたしたちのために通訳が必要で、それがあなたたちに余分なエネルギーと余分な時間を使わせているわ。わたしたちにとっても、細かいニュアンスが伝わらない、伝えられないということは、大変なフラストレーションなのよ。

「もう一度、力いっぱい働ける所へ行こう！」って、サムとわたしは決めたの！　今度はことばが障害にならない所へ行こう、って！　だから今考えているのは、オーストラリア…。

昨年の9月11日以来、わたしたちは「もうアメリカには帰れない」「アメリカはわたしたちの故郷ではない」って感じているの。あなたも知っているとおり、サムはユダヤ人だからなおさらそう感じているのね。ニカノールが「ひびきの村」でのワークショップで、「ここにいる人たちは、わたしも含めてみんな故郷を失ったホームレスだ」って言っていたけど、ほんとう！　地上には、なかなか「ホーム」を見つけられない…わたしたちは、ホームレスなのね！

心配しないで、ユーコ。また、いつでも戻ってくるから！「教員養成のプログラム」でも、「自然と芸術と人智学を学ぶプログラム」でも、必要なときには、いつでも呼んでちょうだい！　すぐ、来るわ！

（今「ひびきの村」には、あなた方二人の力を精一杯出せる所がなくて…ほんとうにごめんなさいね。「ひびきの村」が、まだ混沌《こんとん》とした状態に在るからだと思うの。もっと、構成がしっかりして、みんなの持てる力を十分出せるシステムをつくるから…そうしたら、また、戻ってきてね。あなた方が戻って来られるように頑張るわ）

正しい道を歩んでいる「ひびきの村」

「ひびきの村」はすごいわねえ！　若い人が次から次へやって来て！　そして、彼らは日に日に変わってゆくわ。…人が変わってゆく所では、正しいことが行われている…って、シュタイナーが言っているわ。……知っているでしょう？

ユーコ、良かったわねえ、あなたの夢がどんどん叶《かな》っていって！「ひびきの村」は、必ず日本を変えるわ！　そして、いつか、世界を変えるわ！

ここで働いている人は、自分の姿を他者の中に観ることができるわ。それこそが「キリストの衝動だわ」「わたしはあなたである」ということがね…。

ユーコ、あなたが最初にした問の答が見つかったわ！　あなたと話している間に、「共同体で生きる意味」が分かったわ！

共同体で生きるとき、「個人としてではなく、どうしたら人類の一人として、真の人間になることができるのか？」という問を、わたしは持ち続けることができるの。そして、共同体で生きるとき、「どんなときでも、わたしは世界と繋《つな》がっている」と感じることができるのよ。

「どうしたら、個人としてではなく、人類の一人として生きてゆくことができるか？」…その答は、「共同体で共に生きることで叶えられる」ということなのね。

人生を意味深いものにするためのエクササイズ

理想と現実の狭間で

「21歳から27歳まで」

大村さんの人生第4期は、典型的な現実からの逃避だったとか…。21歳で留学、不本意な帰国。そして結婚へ。運命は私たちがしてきたことへの結果だといいます。その運命こそがやがて、大村さんを「人智学」へ導きました。あなたは一人の人生の軌跡の中に、人類全体の姿を見るでしょうか。

自分の人生を生き始める

生まれてから21歳、22歳くらいまでの間、わたしたちは周囲を取り巻く多くの人たちに支えられ、助けられ、教えられて生きてきました。

生まれてから7歳くらいまでの間は、専（もっぱ）ら身体をつくり、身体の成長と共に「意志」の力を育てることに専念しました。小学生から中学生にかけて、わたしたちの内には「感じる心」が育てられ、15歳以降21歳までの間には「考える力」が育てられました。こうしてこの地球上に生まれて20年あまりの時を過ごし、わたしたちの内に「意志」と「感情」と「思考」の力が具《そな》えられたのです。「意志」と「感情」と「思考」が備えられて、はじめてわたしたちの内に「自我」が生まれ、今、ようやくわたしたちは一人の人間として、自分の力で生きてゆくときを迎えたのです。

「自我」とは、「わたしはこうする」「わたしはこう感じる」「わたしはこう考える」と、「自分自身」の存在を認識する「わたし」のことです。つまり、「わたし」とは、「わたし」の「意志」と「感情」と「思考」の主人公なのです。「自我」とは、「意志」と「感情」と「思考」という音色の異なる楽器を指揮して、楽曲を奏でる指揮者のようなもの…と、喩（たとえ）える人もいます。

これまでにくり返し学んできたように、人間が成長する過程で、「自我」は3歳の頃にその存在の兆《きざ》しを見せ、9歳で芽を出し、17頃には盛んに成長を遂げ、今ようやく「自我」はわたしたちの内でその全容を現しました。子どもがこの世に生まれ出るために、10ヶ月の間、母親の胎内でその準備をするように、「自我」もわたしたちの内で生まれるための準備を整えていたのです。そして、長い準備を終えて、21歳頃にようやくこの世に現れたのですね。

皆さまは、この時期にご自分の内で「自我」がしっかりとその姿を現した、と感じたことがありますか？　ご自分の内で「自我」の力が働きはじめたと感じたことはありますか？

「自我」を育てる

さて、今からわたしたちは、わたしたちの内に生まれた「自我」をしっかり育てなければなりません。これから人生は、時に応じてわたしたちにさまざまな役割を与えることでしょう。わたしたちはそれを、「自我」を育てるための機会であると考えてその役割を果たさなければなりません。ときに、それは大きな試練であり、修行であることもあるでしょう。ときに、それは耐えがたいほどの困難や苦悩であるかもしれません。けれど、それを果たすことによってこそ、わたしたちの「自我」は育ち、進化するのです。そのための悲しみであり辛さなのです。

わたしたちはこれから以後は、すべての局面において、自分で感じ、自分で考え、選び、自分の手足を使って行為するのです。そして、その結果を自分自身で負うのです。ようやく、自分でしたことの責任を、自分でとることができるようになりました。いわば、これからが真に自分自身の人生を生きる時期なのですね。

たとえ、他者に強要されたと感じたとしても、他者に無心された、懇願《こんがん》されたと感じたとしても、それに応《こた》えると決め、そうしたのは、わたし自身の「自我」が感じ、考え、したことなのです。そのことを、わたしたちは深く心に留めることが必要です。

日本では、第二次世界大戦以後、…20歳を契機に若者は「成人」し、大人の仲間入りをする…と考えられるようになりました。そして、彼等が「成人」したことを祝う日が定められました。それは国民の祝日とされ、全国の自治体では「成人」した若者を、祝福する会を持つことが慣習となりました。

その日は、毎年メディアによって、「成人」となった若者たちの様子が伝えられます。女性はあでやかな振り袖《そで》を着て美しく、男性も紋付きを身に着けにこやかに笑っています。テレビのカメラは美しく着飾った人ばかりを映し、インタビューを受ける人たちの中にも平服の人は殆《ほとん》ど見あたりません。

昨年は、地方自治体が主催したお祝いの会で、酒を飲み、ふざけ、大声を出し、祝辞を述べる人に野次を飛ばす若者の姿がテレビに映し出され、わたしたちは驚愕《きょうがく》しました。

今年は昨年のできごとを念頭に置いて、お祝いの会はさまざまな工夫がこらされたようでした。

ディズニーランドがある千葉県浦安市では、ディズニーのキャラクターによるデモンストレーションが行われ、それに興（きょう）じている若者の姿が映し出されました。沖縄県那覇《なは》市では、会場に酒樽を持ち込もうとした若者たちと警護の人たちがぶつかり合い、逮捕される若者の姿が映し出されました。着ている物を脱ぎ、上半身を曝（さら）して会場を駆け抜ける若者もいました。

今年は昨年のように、大きな騒ぎは起きなかったようです。が、ただ、大人の知恵と経験が、若者の欲求を巧みに抑え込んだだけのように感じられたのは、わたしだけでしょうか?

若者たちはなぜこのような騒ぎを起こすのでしょう?　わたしたちに何を訴えているのでしょうか?

わたしは「人智学」を学び、それを生きようと始めてから、この世に起こるさまざまな現象を三つの領域で観ることを学びました。すなわち、「身体」と「心」と「精神」の三つの領域です。

若者の「身体・肉体」は何を欲しているのだろうか?　彼等の「心」は何を求めているのだろうか?　そして「精神」は?　今わたしは考え込んでいます。

彼等の「身体」は力に満ちています。彼等の「身体」は人生の中で今、最も活発に活動しています。

彼等の「身体」はその力を活かせる場所、その力を発揮できる機会を必要としています。

勿論、彼等自身の力でそれを探し出す努力をしなければなりません。けれど同時に、わたしたち大人が彼等のために、そのような場所と機会を用意することも必要です。彼ら自身が自らの成長のために、彼らの身体が持つ力を存分に発揮できる場所と機会を今、社会の中に見出せるでしょうか？　有り余る力を他者のために用立てたいと、彼らが望んだとき、すぐに行為に移すことができるシステムを、日本の社会は持っているでしょうか？

残念ながら、わたしの知る限りでは、日本の中にそのような場所が多くあるとは言えません。地域の共同体の中にも、職場にも、さまざまな学びの場所にも、彼等の「身体」が持つ力が要求していることに応えられる用意がないように見えます。

彼らに備えられた力や能力をただ持て余し、徒（いたずら）に、オートバイや車の暴走に費やし、遊びに耽（ふけ）り、ゲームにはまる若者が多く見られます。暴力に、セックスに、ドラッグに走る人も少なくありません。

わたしたちは今こそ、彼らの力を存分に発揮して学び、働き、鍛える場所を用意しなければなりません。彼らが生きる地域の共同体、働く職場、学校、大学…それらは、彼らが持つ力を精一杯出し尽くせる場所でなければなりません。そして、また、彼らの力を他者のために用立てることのできるシステムをも作らなければなりません。

そうしない限り、彼等はすさみ、彷徨（さまよ）い、荒れて、これからもわたしたちに、さまざまな方法で示し続けることでしょう。

さて、次に、わたしはこの問題を「心」の領域で捉えようと努めました。つまり、彼らの「心」が何を求めているのか、それを理解し、それに応えたいと考えたのです。彼等の「心」は、いったい何を求めているのでしょう？　そして彼らは、何を得られずに苛立《いらだ》っているのでしょう？

善、真、美に満たされた世界…それは、彼らの内の憧《あこが》れる心を満たし、彼らの内で敬う心を育てます。

献身する人、善なる行為、美しいできごと…。彼らの「心」が求めているのはこれらを見いだせる世界なのです？

彼らの「心」は、生きる喜びに満たされることを望んでいます。彼らの「心」は、不正に対して憤（いきどお）り、それを正したいと欲しています。彼らの「心」は、困難の中に在る人に思いを寄せ、慈《いつく》しみ、助けたいと願っています。彼らの心は、「愛」と「慈しみ」と「不正を憎む」思いに満たされています。けれど、その「心」をどこで、誰に対して、どのように現してよいか分からず、途方に暮れているのです。

彼らが彼らの「心」が望んでいることを行為に移すことができる場所と機会を必要としています。その場所と機会を用意することは、わたしたち大人の仕事だとわたしは確信しています。日常の事々に心を煩《わずら》わせて非本質的な生き方をしているわたしたちは、彼らの内にある「愛」と「慈しみ」と「不正を憎む」心に気づくことがありません。そして、それらが行き場を失って、消えてゆくままにしているのです。彼らの「心」が生き、生かされる場所と機会をつくることはわたしたちに課せられた急務であると、わたしは確信しています。

さて、次に考えなければならないのは「精神」の領域です。わたしたちの内に在る「精神」は、「真理」を認識します。「法則」を認識します。

若者たちの様子を見ていてつくづく思うことは彼らは彼らの持つ「精神」が求めている「真理」をこの世に見出すことができず、苦しみ、悩み、途方に暮れているのだ…ということです。皆さまはどのようにお考えですか？

彼らは「精神」の働きによって「真理」を認識し、「理想」の人間像を描き、「理想」の社会を描いています。けれど、彼等が生きる社会は「理想」とは遠くかけ離れ、またその社会の中に、彼らが描く「理想」の人間を見出すこともできません。それ故、彼らは戸惑い、疑い、混乱しているのです。

勿論、人類は今、進化の途上にあります。ですからわたしたちは「完全」から遠く、「理想」の生き方をすることはできません。それ故、不完全な存在であるわたしたちがつくる「社会」が「理想郷」であるはずもありません。

けれど、少なくともわたしたちは「理想」を掲げることはできます。「理想」とする「社会」の絵を彼らと共に描くことはできます。そして、彼らと共に「理想」に向かって歩むことはできます。「理想」を実現するために働くことはできます。

迷い、躊躇《ちゅうちょ》している彼らの肩に手を置いて「さあ、一緒に歩こう！」と促し、励ましましょう！　そして、「理想」の人間像に少しでも近づくよう、そして、「理想」の社会に一歩でも近づくことができるよう、彼らと共に生きようではありませんか！

こうして、彼らの「精神」が求めていることに対して、わたしたちは全力で応えなければならないのです。それが、彼らより先んじて生まれてきたわたしたち大人が果たすべき役割なのです。

エクスサイズ1

20歳の頃、あなたは「理想の人間像」と「理想の社会の図」を描いていましたか？　それはどんなものでしたか？

あなたはそれらを実現するために、力を尽くしましたか？　それとも実現するための場所も機会も見いだせぬまま、挫折してしまったでしょうか？

思い出してください。

わたしは世界をどうのように感じるか？

この講座の2期にも書きましたが、ルドルフ・シュタイナーは21歳から27歳までのこの時期を「感情の魂」と呼びました。十代の頃、わたしたちは往々にして「世界はわたしをどのように感じているだろう？」と訝（いぶか）り、そのことを思い煩《わずら》っていました。けれど、20代になって世界と向き合ったとき、「わたしは世界をどのように感じているのか？」という感じ方に変わり、自分の思いを大切にするようになると、シュタイナーは言うのです。

十代の頃、わたしたちはともすると人の目を気にし、人の評価に動かされ、人に好感を持たれたい、人に嫌われたくない、人と仲良くしてゆきたい…という思いに縛《しば》られていました。ところが今、わたしたちの思いは、「わたしはこの人を、こう思っている」「わたしはこのことをこう感じている」「わたしはこのできごとをこう評価している」…というふうに変わるというのです。

つまり、人の考えや人の思い、人の評価に依って動かされていたわたしたちが、「わたし自身の行為」「わたし自身の感情」「わたし自身の考え」を大切にするようになるのですね。それは、とりもなおさず、わたしたちの内に生まれた「自我」が成せる技（わざ）なのです。

「世界を感じる」ようになったあなたは、…世界を、わたしの理想と遠く離れた醜《にみく》い場所であると感じます。そして社会に溢《あふ》れる不義、不正、不法、非道、悪徳、背徳、偽善を目にして憤り悲しみ、嘆きます。「世界を感じる」ようになったあなたは、…人はわたしが描いていた生き方をしていないと感じます。そして、人の内に邪心《じゃしん》、腐敗、堕落《だらく》、利己心、二心《にしん》（不忠な心、疑心）を見て怒り、悩み、苦しみます。

このように、あなたが「世界を感じる」ようになったのは、今あなたが生活している場所が、十代の頃とはまったく変わった、ということも大きな力として働いているでしょう。

守られ、かばわれ、育まれていたあなたは、その温かい心地よい場所から出て、今、社会に歩み出しました。どこに在ってもたいした責任を持たされることもなく、楽な身分であった立場から、責任を負う立場に立たされたのです。それもこれも、あなたの「自我」が成長し、あなたは「一人」で生きてゆかれるようになったからなのですね。

そんな状況の中で、あなたが常々掲げていた「理想」が「現実」に出会い、「現実」に阻《はば》まれ、妨げられて、あなたは「理想」の火を高く掲げることさえできなくなってしまいました。そして、あなたは「理想」を実現する道を見失ってしまったように感じているのでしょうか?

現実から逃避する

「理想」を実現することが、とうてい不可能であると感じたあなたは、さっさと諦《あきら》めて「理想」を掲げていた手をあっさり下ろすことができましたか？　それとも断腸の思いで下ろしたでしょうか？　下ろした手をどうしましたか？

「理想」を掲げていたその手は、アルコールの入ったグラスを掴《つか》むことが多くなったのではありませんか？　その手をドラッグに伸ばすことはありませんか？　その手を異性の手に重ね、深く関わるようになったでしょうか？　あるいは、その手は他者に暴力を振うために使われたでしょうか？

この頃、多くの人は「理想」を実現することを阻《はば》まれた虚《むな》しさを、悔《くや》しさを、無力感をさまざまな方法で癒そうとするのです。

以前にも書きましたので、読んでくださった方には重複して申し訳ありませんが、わたしの話を少し聞いてください。

わたしの人生の第4期は、典型的な「現実からの逃避」でした。わたしはアメリカのミズーリー州にある小さな大学に留学しました。

高校1年生の秋に肺結核に冒《おか》されていることが分かり、わたしは心ならずも休学して療養生活を始めました。肺の摘出手術を含めて、1年3ヶ月の療養生活の後に復学しましたが、わたしはもう以前のように、学業にはまったく関心を持てなくなってしまいました。

生死の境を抜け出てきたわたしの目に、成績やクラブ活動などは取るに足りなく、どうでもよいことに思えたのです。

何もかもが物足りなく、先生も両親も、いえ、大人という大人に失望し、その大人が創っている社会にも何の望みも抱くことができませんでした。

心を惹《ひ》かれる男の子はいましたが、いったいそれが何になるというのでしょう！　クラスメートと一緒になってにぎやかにおしゃべりをすることもありましたが、心はいつも空虚でした。かと言って、哲学に打ち込み、神学校へ進学して司祭になろうと頑張っている親友の存在が、わたしには重くて重くて耐えられませんでした。勉強の遅れを心配して両親は家庭教師をつけてくれましたが、それも迷惑なことでした。

わたしは療養所の生活が懐《なつ》かしくて堪《たま》りませんでした。病室から眺めていた空、雲、月、星…ベッドで聞いた雨だれの音、山鳩の啼《な》き声、風の音…厨房《ちゅうぼう》から漂《ただよ》ってくる総菜の臭い、鼻を突く消毒液…ごわごわした真っ白いシーツの感触、額に当てられた看護婦さんの手、チクンと痛かった注射針…。

わたしにとっては、戻ってきた現実よりも、療養所の生活のほうが、遙《はる》かに現実であり、手応えのあるものでした。療養所では、みんなが生きようと懸命でした。みんなが生きることに真剣でした。毎朝目が覚めると、「生きていて良かった！　今日はどう生きよう?」と考えていました。

患者の環境を清潔に保とうとしていた掃除婦さん、いつも真摯《しんし》に患者と共に生きていた看護婦さん、検査技師、医師たち、そして、一緒に病と闘った同室の女性…彼らと共に生きた時間が懐《なつ》かしくて、退院後もわたしは療養所を何度訪ねたことでしょう！　わたしには療養所の生活が現実であり、学校や社会はまるで夢の世界のように感じました。そして、その夢の世界でわたしはどう生きていってよいか分からず途方に暮れるばかりだったのです。

そんなわたしが唯一光を見ていたのは、「アメリカに行ったらいい」という父親のことばでした。わたしはこの一言の中に未来を見ていました。

アメリカへ

母はわたしがアメリカへ行くことには反対でした。母の気持ちを察して、わたしは彼女の希望するまま、日本の大学を受験しました。いえ、正確に言うと、１教科だけ試験を受け、その後も翌日も図書館で過ごしました。(母には話したことがありません。80歳になる彼女が、これを読むことがありませんように…)

たとえ受験しても、わたしが合格するはずはありませんでした。部屋に閉じこもっていたわたしを、母は勉強していると信じているようでしたが、そんなことはありませんでした。わたしは本を読み、考え、悩み、困惑し…そんな思いを文章にし、詩に表し、絵を描いて過していたのです。これも「現実」からの逃避《とうひ》だったのでしょうか?

大病を患《わずら》い、ようやくの思いで生還したわたしは、人より早く「理想」にはほど遠い「現実」に出会い、それに立ち向かう術（すべ）もなく、逃避するしかなかったのです。アメリカへの留学もその延長上のことでした。わたしの前途は明るく輝き、人には希望に満ちた留学に見えたことでしょう。

その当時、私費留学をするためには、外務省が行う語学テストをパスしなければなりませんでした。レートは1ドルが360円、大学を卒業したサラリーマンのお給料が3万円でした。そんな状況の中で留学するわたしを羨《うらや》んだ友人もいました。

わたしも嬉しかった！　なによりも家をはなれることが、日本を離れることが、希望のかけらも見えない「現実」から逃れることが、嬉しくてたまりませんでした。

けれど、それが「現実」からの逃避であるということを、わたし自身がよーく分かっていたのです。だからといって、他にどんな道があったでしょうか？　八方塞（ふさ）がれた道で途方に暮れているとき、見上げた頭上にただ一つ、わたしは光を見出したのです。それを求めて飛び立つことしか、わたしに残された道はありませんでした。

19歳で高校を卒業し、入学の手続や準備に1年と5ヶ月を費やし、アメリカに渡ったのは、実に21歳のときでした。予定していた出発直前に、乗っていた車が事故を起こして怪我をし、3ヶ月入院するはめにも陥《おちい》りました。わたしの「高次の自我」は、その事故で、わたしを「現実」から逃避させることを止めさせようとしたのでしょうか？

アメリカで

わたしが選んだ大学は、ミズリー州にある州立の教員を養成する小さなカレッジでした。小学生の頃から教師になりたいと考えていたことが、その大学を選択させました。

キャンパスには大きな樫《かし》の木が生い茂り、広い芝生にはいつでもリスがはね回っていました。創立100年を記念して据えられた大きな鐘《かね》が、穏やかに時を告げていました。

寮は冷暖房が整った煉瓦《れんが》造りの建物で、東京のホテルでも見たことのないような大きなラウンジには、身体が沈むような心地よいソファーがあちらこちらに置かれていました。柔らかいバックグラウンド・ミュージックがいつも流れていました。キャフェテリアで頂く食事には、豪華なデザートが付いていました。

先生たちの講議はユーモアとウイットに富んでいて、しかも、彼らはいつでも真摯《しんし》でありました。そんな先生方に惹《ひ》かれて、わたしはよく学びました。学ぶことに喜びを感じたのは、中学生以来のことでした。

ルームメートはわたしをよくドライヴに誘ってくれました。アイオワ州の彼女の家にも連れて行ってもらいました。夕暮れどきの大草原をひた走りに走りました。丘の上で草をはむ牛の姿が夕空に黒く浮かんでいました。紫色の空が、ため池に映ってきらめいていました。

コークも、アイスクリームも、ピッツアも、ハンバーガーもおいしくて、おいしくて…。

夏休みはグレイハウンド・バスに乗って、長い旅をしました。倹約するために夜行のバスに乗り、朝着いた町に降りて歩きました。どの町にも、朝ご飯のおいしいキャフェがあり、人が集まっていました。たくさんの人に出会い、話をしました。

夏の最後は、テネシー州の知り合いの家で過ごしました。大きな牧場を営む家族と一緒に、牛を追い、豚の世話をし、馬に乗り、川で泳ぎ、子どもたちと遊び…肺結核を患《わずら》って以来、あれほど元気に過ごした夏は初めてでした。

日本を恋しいと思ったことはありませんでした、家に帰りたいと思ったこともありませんでした。妹と祖母以外の家族を思い出すことは殆どありませんでした。1年は夢のように過ぎました。

再びの挫折

家から送られてくるお金が滞《とどこお》るようになったのは2年目のクリスマスの休暇が始まる頃でした。

クリスマス休暇が終って冬の学期が始るまでには、授業料と寮費を払わなければなりませんでした。

…お父さんが始めた新しい事業に予定外の費用がかかってね。あなたの学資にと用意していたものを、少しの間使わせてもらうと言うのよ…受話器の向こうで、そう母は言いました。

気が進まぬまま、家業を継いだ父には夢がありました。…学生時代によく登った山にリゾートホテルを建て、毎日、山を眺《なが》めて暮らすという…。

アルバイトをしながら大学で学び続けるという選択もありました。まわりを見回すと、そうしている留学生は大勢いました。けれど、わたしにはそれをするだけの十分な体力がありませんでした。

わたしは父を恨《うら》みました。…わたしを留学させてくれると言ったのは、あなたじゃない！　約束を守って！　と…。

日本舞踏を続けている母をも恨みました。…あなたが舞台に立つたびに消えるたくさんのお金を、わたしのために送ることができないの？　と…。

けれど、わたしはそれを口に出して言うことはできませんでした。悔しくて、悲しくて…心の中で叫ぶばかりでした。そして、わたしは両親には知らせずに大学を離れました。「わたしたちでなんとかするから、残って…」と言ってくれる友人たちを振り切って…。

親しくしていた知人、友人、先生に見送られてわたしはバスに乗りました。風に揺《ゆ》れるウィーピングウィーロウ（嘆きの柳）が見えました。枝には、もうすぐ訪れる春を思わせる若芽がかすかに姿を見せていました。

「必ず帰ってくるわ。必ず…今度来るときは、わたしの力で来る…きっと！」わたしは強く誓ったのでした。

戦場にかり出され、九死に一生を得て帰ってきた父は家業を継ぎ、気の染まぬ仕事をしていました。大学時代にあれほど好きだった山に登る時間はありませんでした。当時50歳になろうとしていた父は、…このときを除いて生涯の夢を実現することはできない…と考えたのかも知れません。彼は娘との約束を破ってでも自分の夢を果たしたかったのでしょう。

母は、幼い頃から何よりも日本舞踏が大好きだったと言います。けれど、祖父が「着物を着て、ちゃらちゃらとするな！」と言って嫌ったために稽古《けいこ》を続けられなくなり、泣く泣く諦《あきら》めたと話してくれたことがありました。

わたしが中学生になったのを機に、母は念願の日本舞踏の稽古を始めました。そして、花柳流の中でも特に厳しいと定評のある師匠に弟子入りして、42歳で名取りになりました。それは驚くほど多額な費用を必要としました。以来、舞台に立つたびに母は常識を越えた金額を支払っていたのです。

この先何回舞台に立てるか分からない母にとって、娘のためとはいえ、それを諦めることはできなかったのでしょう。一年に一度大舞台で踊ることは、母にとって何よりの励みであり、楽しみであったのです。

このとき、すべてを両親に依拠し、「自立」していない自分に、わたしは嫌と言うほど向き合わなければなりませんでした。こうして書きながら、35年にもなろうという昔のできごとを、わたしはまるで夢を反芻《はんすう》するように思い出しています。

わたしは両親を恨《うら》んでいました。恨んで、恨んで、長い間わたしは苦しかった！　そんなわたしが彼らを心から「許そう」と思ったのは、シュタイナーの洞察による「人生の7年周期」を学んだときでした。

わたしが彼らを両親として選んで生まれてきたとの意味が、そのときはっきりと理解できました。彼らがわたしに対して「したこと」「しなかったこと」の意味をも理解することができました。そして、そのすべてをありがたいと感謝することができました。そのとき、心底、彼らを愛し、慈《いつく》しむことができました。真(まこと)に、真にありがたいことです。

「大村さんの私事（わたくしごと）を読むのはとても重いです」「もっと、シュタイナーの思想そのものを学びたいのです」「大村さんの個人的な思いではなく、もっと普遍的なことを書いてください」とお便りをいただきます。

自分のことを書くことは、わたしにとっても重いことです。いつでも躊躇（ためら）われます。迷います。…こんなこと書かなければ、シュタイナー学校の先生であり、「ひびきの村」の代表だけで済むものを…と、思います。

けれど、一方には、わたしと同じように自らの至らなさ、自らの無力さ、自らの不甲斐なさを嘆き、苦しみ、悩み…それでも、「精神の進化」を遂げようと努力されている方がいることを知っています。その方々は、わたしが躓(つまず)きながら、転(ころ)びながら、迷いながら歩んできた道のりを知って、安心するとおっしゃいます。勇気が湧くと話してくださいます。そして、もう一度気を取り直して、前に進むことができるとおっしゃるのです。

わたしは一人の人間の人生の中に、人類全体の歩みが見えると確信しています。…一人の人間の成長の過程はまた、人類の歩みでもある…ということを、ルドルフ・シュタイナーから学びました。

日本には素晴らしい経歴を持ち、傑出した仕事をされ、秀でた人智学者がいらっしゃいます。そういう方々は、シュタイナーの本を訳し、著《あらわ》し、出版し、講演して、わたしたちを導いてくださいます。わたしたちはそのような先達を必要としています。

けれどまた、わたしのような者も必要とされているのではないでしょうか? エリートだけが、インテリだけがシュタイナーの思想を学び、それを生きることができる訳ではありません。シュタイナーは生前、肉体労働に従事している大勢の労働者たちに向かって熱心に語りかけました。シュタイナー学校は、ウォルドルフという名の煙草会社の従業員の子どもたちのために始められました。

今シュタイナーが生きていたら、きっとわたしのような者にも声をかけ、励まし、共に歩もうとするに違いないと、わたしは確信しています。

学ぶことによって、わたしの内にあった恨《うら》む心が消えました。学ぶことが、わたしを嘆きから救ってくれました。学ぶことが、わたしに生きる確信をもたらしてくれました。

さあ、今からでも遅いということはありません。皆さまを縛《しば》っている思いがあるのなら、それから自由になるために、肩に重荷を背負っているのなら、その荷を下ろすために、悲しみのために涙で目がかすんでいるなら、涙を拭(ぬぐ)うために…自らを励まして、学び続けましょう。

自立するための結婚

大学の寮を出たわたしは、夏に過ごしたテネシーの知人を訪ねました。そして、この先どうしたらよいか、考え続けました。

夏、一面に風に揺《ゆ》れていた草原は枯れ、冷たい風がピューピューと音を立てて通りすぎてゆきました。さんざめく人で賑《にぎ》わっていた町のメインストリートには、人影がなく、カフェの窓から通りを眺める顔がのぞくだけでした。

「結婚しよう！」わたしはそう決めました。日本を発つ前につき合っていた人がいました。彼とは頻《ひん》繁《ぱん》に手紙のやりとりをしていました。カトリックの教えに怯（おびえ）えていたわたしに、「何をつまらないことで悩んでいるの！　人は死ねば死にきりだよ！」と言い切る彼に、「救われたい」という思いが募《つの》りました。

日本に帰ってすぐ「結婚する」と言うわたしに、母は半狂乱になりました。泣いたり、脅《おど》したり、なだめたりする母に、「ここで負けてはいけない！」と、わたしは心を鬼にして向き合いました。

家を出る前日、わたしは母を誘って上野の西洋美術館に出掛けました。平日の美術館は人影もまばらでした。わたしたちは黙って彫刻を見、絵を見て歩きました。

わたしに美しいものを示してくれたのは、いつでも母だったということを思い出しました。母はいつでもわたしの身の回りを美しく整えてくれていました。音楽も、美術も、書道も、茶道も、生け花も…美しいものは、すべて母から伝えられたことを思い出しました。本を読む楽しさを教えてくれたのも母でした。文章を書くことも、詩をつくることも、母が教えてくれたのでした。

「お母さん、ありがとう…」

心からの感謝をこめて、そう言うわたしの姿を前にして、母は、わたしが決意を翻《ひるが》すことはないだろうと悟ったようでした。

ルドルフ・シュタイナーは、「この頃、わたしたちの内に生まれる怒りは使命を持っている」と言います。そして、「『怒り』はわたしたちを道徳と結びつける」と言うのです。

自由に生きようとしながらそれを阻（はば）まれたわたしは憤（いきどお）り、さらに自由を求め、自由への衝動がより高まっていったのでした。そして、わたしを縛《しば》る何ものにも屈しない…と固く固く決意したのです。

エクスサイズ2

「現実」に阻《はば》まれて「理想」を実現することができないと感じたとき、あなたはどうしましたか？　思い出してください。

困難に立ち向かいながら「自我」が育つ

シュタイナーが示しているように、この時期にわたしが向き合った最大の困難は、…「理想」を実現することを阻《はば》まれた…ことでした。

けれど、あのような状況に在ったからこそ、わたしは、自分が「何を望んでいるのか？」「何を必要としているのか？」「何を欲しているのか？」と自問し、わたしの「自我」の在り方を知ることができたのだと思います。そして、「自我」の欲求を叶《かな》えようとし、「自我」の導きに従おうとし、「自我」が示すままに生きようとしたのでした。そして、わたしの「自我」は成長し、力を増し、自立し、強くなっていったのですね。

結婚して家を出たわたし自身は、物理的には両親から離れ、一切の援助を受けず、形は自立したように見えました。けれど、わたしはまたしても「結婚」という殻《から》に逃げてしまったのでした。つまり、「両親」に依存する代わりに、「結婚」へと、依存する対象を変えたのでした。

それが真の自立とはほど遠いものであったということは、誰の目にも明らかでしょう。それでも、そのときわたしは、その後30年余をかけて歩むことになる、真に自立し、真に自由な存在になるための、長い長い旅の一歩を踏み出したのでした。

…理想的には、さまざまに異なった、オープンな仕事をし、力と可能性を試し、己（おのれ）を探求することのできる環境に、自分自身を放り投げることができることが望ましい…と、シュタイナーは言っています。

結婚してから、わたしは両親に依存していたときには想像もできなかった、自由な空間と時間を持つことができました。さまざまに異なった人と出会い、子どもを育てながら仕事をし、力と可能性を試す機会をも得ることができました。それは、シュタイナーが言っているとおり、己（おのれ）を探求することのできる環境でもありました。

今振り返ると、この頃わたしの内で成長した「自我」は、シュタイナーの示す「日常の自我」でありました。「わたしがこう感じる」「わたしはこう考える」「わたしはこうしたい」「わたしはこうする」…という、わたし個人の思いや考えをおこさせ、行為をさせる「日常の自我」でした。

後に、わたしはシュタイナーが示す「高次の自我」の存在を知ることになります。そして、「自我」を育てるということは、とりもなおさずこの「高次の自我」の成長を指しているということを理解するようになりました。

けれど、当時のわたしはそんなことは知らず、ただただ、自分を主張し、自分の思いを貫き、自分の道を歩みたいと望んでいたように思います。

そのようなわたしの在り方が、我が子をありのまま認めることを困難にし、夫と共に生きることを阻《はば》み、周囲の人のことばに耳を貸そうとしない頑（かたく）ななものであったことを、わたしは後で知ることになりました。

そんなわたしの在り方は人をも苦しめ、わたし自身を苦しめはしましたが、それは決して否定されるものではなく、後悔するものでもなく、「自我」が育つためのプロセスとして、どうしてもわたしが歩まなければならない道だったと今は思えるのです。

ですから、皆さまの中にも、わたしと同じように、人の目には我が儘《まま》としか映らないような「自我」の在り方をしていたとしても、それを否定なさらないでください。そしてそこからさらに「高次の自我」に向かってどうぞ歩み続けてください。

わたしが批判を覚悟して、私事（わたしくごと）を書き続けている理由は、たった一つ、皆さまに勇気と希望を持っていっていただきたいためなのです。

「自立する？　それとも依存を続ける？」

わたしたちは自分自身に問わなければなりません。「自立するの？」「それともこのまま依存を続けたいの？」と…。この問は、わたしたちに実に大きな決意を促します。

「人生の7年周期」のワークショップを続けていると、わたしはさまざまな方の人生を分けていただく幸運に恵まれます。30代になっても、40代になっても親から自立できず、苦しんでいる人がいることを知って驚きます。そういう方々は心優しく、わたしのように非情になれなかったのでしょうね。わたしは、母もまたわたしに依存していたことを知っていました。そして母もまた、何者にも依存せず、自由で自立した生き方をして欲しいと心から願いました。

わたしが母から離れることが、それを促す契機になるだろうとわたしは考えたのです。

あなたが今、互いに依存しあっている関係の中に在るのでしたら、互いの存在が真に自立し、真に自由になるために何が必要かということを、是非、是非、考えてください。

エクスサイズ3

あなたは親から「自立」することを決意した瞬間を憶えていますか？　或いは夫から…。

親から受け継いだものを失う

さて、27歳頃になると、生まれたときに親から受け継いだ力や才能が、だんだんうすれてゆきます。ですからこのときにこそ、自分自身の努力によって力を着け、能力を磨き、学ばなければなりません。

親の援助を絶ち、親から離れて自立し、自由になるということは、彼らから受け継いだ力や才能、美徳…それらをもまた、捨て去ることなのですね。

エクスサイズ4

この頃、それまで持っていた能力や才能が消えてしまった、と感じたことはありますか？　それは何でしたか？　それらを失った後、あなたはどうなさいましたか？

過去を変えることができる

わたしたちが、「これがわたしの人生だ」と考えているものは、わたしたちの記憶によるものです。

「あなたが幼稚園に通っていた頃、園のまわりの環境はどんな様子でしたか？」と聞かれたとします。

Aさんは、「あたり一面が菜の花畑で、春になると黄色い花が風に揺《ゆ》れて、それはそれはきれいだったのよ。今思い返すと、まるで夢の中のできごとだったような気がするわ」と答えました。

同じときに、同じ幼稚園に通ったBさんは、「幼稚園の近くに国道があって、いつでも車の走る音がうるさく響いてきたわ。わたしはそれが気になって嫌で堪《たま》らなかったの」

同じ時期に、同じ幼稚園に通っていても、二人の記憶は大変異なったものです。そして、彼らの人生の中で「幼稚園時代」はこれほど違う記憶として、それぞれ彼らの中に残っているのですね。

わたしたちが歩んできた人生は、わたしたちの記憶がつくります。Aさんは彼女の幼児期を、菜の花畑に囲まれた夢のように美しい幼稚園で過ごしたという人生を生きてきました。Bさんの幼児期は、国道を走る車の騒音に囲まれた嫌な幼稚園に通って過ごした人生を生きてきたのですね。

けれど、もし、二人が今再会し、互いに幼稚園時代の思い出を話し合う機会があったら、彼らの人生はどのように変わるでしょうか？　Aさんの人生には、ただ夢のように美しい幼稚園だったわけではなく、車の騒音が聞こえてきたという記憶が加わり、より複雑なものになったことでしょう。また、Bさんにとっては、否定的な面ばかりではなく、夢のような美しさが加わり、豊かなものになったのではないでしょうか。

このように、わたしたちが「わたしの歩んできた人生」だと思いこんでいるものは、わたしたちが憶えていることによるものです。

そうだとしたら、わたしの記憶違いで「わたしの

「人生」は事実とは異なっているかもしれません。「わたしの人生」は、真実を知ることによって変わるかもしれないのです。

「人生の7年周期」の考え方に従って、記憶を思い起こしてゆけば、わたしたちの人生はより「真実」に近いものとなり、より豊かなものとなり、より彩《いろど》りの鮮やかなものになる可能性があるということが、これでお分かりですか?

エクスサイズ5

是非、21歳から27歳のこの時期を共有した友人、知人、家族と思い出話に興じてください。もしかすると、あなたの過去が変わるかも知れませんよ。

「過去の思い出」と「未来の思い出」

「わたしたちは約束を思い出す必要がある。そして、それを果たすための方法を見出さなければならない。そしてそれを果たすのだ」と、シュタイナーは言っています。

「約束」…それは、生まれてくる前に、わたしがわたし自身にした約束です。それはまた、生まれてくる前に、わたしが世界と交わした約束です。

思い出しましょう。その約束とは、とりもなおさず、わたしがこの地上で果たさなければならない使命なのです。今生で遂げると、わたしが決めたわたしの仕事なのです。わたしは、生まれてくる前に、わたし自身と世界に向かってそれを宣言しました。

エクスサイズ6

「約束」を思い出してください。それは、今、あなたの目の前にいる人の行為に映し出されているかもしれません。今、あなたが聞いたことばが示しているかもしれません。

目をしっかり開け、耳をすまして聞いてください。

「これは運命的な瞬間だ」と気づくこと

ルドルフ・シュタイナーは言っています。…わたしにとって、また、あなたにとって、今この瞬間を、運命的なものであると、感じることができますか?「約束」…それは、生まれてくる前に、わたしがわ

と…。

今ここに、共にいる人との出会いは、運命的なものであったと、あなたは確信することができますか？　あなたにとって…他者にとって…世界にとって…。

運命を確信するということは、ことばを変えて言えば、永く永く時間が流れる中で、あなたが生まれ、死に、そして再び生まれ、死に…と繰り返すうちに創られた運命を受け入れるということでもあります。あなたは、「運命を受け入れるなんてできない」「運命を唯々諾々（いいだくだく）と受け入れたくなどないわ」「この地球上に過去に生きていたときの結果を生きるのではなく、わたしは今まったく新しい人生を生きたいの」と、お考えでしょうか？

運命は、わたしたちがしてきたことの結果そのものです。それを、否定することはできません。足もとにある石ころを蹴《け》飛ばしたら、石ころは飛んでゆきます。強く蹴ればそれだけ遠くへ、弱く蹴れば加えられた力のぶんだけ…。

運命も同じです。あなたの運命は、あなたが「したこと」の結果なのです。

けれど運命を変えることはできます。それは、運命を受け入れることによって可能になるのです。運命を甘んじて受け入れてこそ、新しい運命を創ることができるのです。

エクスサイズ7

どうしてわたしはここにいるの？

なぜ、この人はわたしと対立しているの？

なぜ、彼はわたしを憎んでいるの？

わたしをこんなところに連れてきたのは、どんな力なの？

これらの問を、あなた自身に投げかけることによって、あなたは大切なものを感じ、かけがえのないものを発見するに違いありません。

きっと、あなたは運命を大切に思うことができるようになるでしょう。運命があなたの前に運んでくるさまざまなできごとを、人を、物を、愛し、慈《いつく》しみ、感謝することができるようになるでしょう。

そのときこそ、あなたの運命は変わるのです。

21歳から27歳までの間は、あなたにとってどのような時間だったのでしょうか?

「理想」と「現実」の狭間《はざま》で苦しんだでしょうか?

「理想」を実現するための力を、自らの内に見いだせず、失望したでしょうか?「理想」にほど遠い「現実」から逃げ出したでしょうか? それとも、「現実」に踏みとどまって、努力したでしょうか?

あなたは「運命」と出会ったでしょうか? そして、それを受け入れることができたでしょうか? また、受け入れたことによって「運命」を変えることができたでしょうか?

「現実」から逃避するためにした結婚。その結果を、わたしは受け入れなければなりませんでした。…石を蹴ったら石は飛ぶ…当たり前の法則が、わたしの運命の内にも働き、わたしは自らの行為の結果を刈り取らなければならなかったのです。

当時は苦しいだけ、辛いだけ、悲しいだけ…と思えたその運命こそが、次第にわたしを「人智学(精神科学)を生きる道」へと導いてくれました。

まさに、困難がわたしの「自我」を鍛《きた》え、「苦悩」がわたしの「自我」を強め、悲しみがわたしの「自我」を育ててくれたのでした。

エクスサイズ8

…21歳から27歳までに体験したことは、14歳から21歳までに体験したことに呼応している…とシュタイナーは言います。14歳から21歳までに体験したことが、この時期のわたしたちの心の在り方に、大きな影響を与えると言います。

1年ごとに、図表を作ってみてはいかがでしょう? そして、あなたが体験された数々を、できる限り詳しく書き込んでください。どんな体験が、あなたの心の在り方、つまり、世界をどう感じるか、ということに、どのような影響を与えたかを明らかにしてください。

新しい発見が、あなたの過去と未来を、きっと変えることでしょう。

ご一緒に考えましょうQ&A

シリアスなご質問がふえてきました。
少し長めの「Q」となりましたが、
全3問、それぞれが重いテーマです。
これからも、教育、子育てを中心に、
色々な悩み、ご質問をお待ちしています。

Q 前略…わたしが今関わっている中学3年生の女の子に、どのように接し、なにをすべきかが全く分からなくて、夜も眠れない毎日を過ごしています。わたしはいったい何をすればいいのでしょう?

彼女は学校へ行くことはあまりなく、ただ何となく過ごしたり、バイクを盗んで乗ってみたり、夜の街でアルバイトをしたりしています。わたしは以前、彼女の家庭教師をさせてもらっていました。以前はそれ程でもなかったのですが、不登校となり、別の公立学校へ転校してからひどくなってきました。わたしは彼女のことが大好きで、いっしょにいてもとても楽しいですし、彼女の気持が分かるような気がします。

社会（学校）のルールに従いたくないという気持、毎日ただ楽しければそれいいじゃないかという気持…だれでもこういう時期があると思います。しかし、最近、警察のお世話になったり、家出を繰り返したりと、心配事がたえません、ひどいトラブルに巻き込まれる可能性もないとは言えません。

Q&Aのご質問は、FAXか郵送で

ご質問をどしどしお寄せください。
FAXか郵便でお願いいたします。
あて先〒101-0054東京都千代田区
神田錦町3-21　三錦ビル
ほんの木「通信講座」Q&A係。
FAX 03-3295-1080
TEL 03-3291-5121（編集室）
★あなたのお名前、ご住所、TEL FAXをお書き下さい。
質問は100〜200字にまとめます。
原則的に記名にて掲載。イニシャル、匿名も可とします。教育問題を中心にお寄せ下さい。
アンケートへの記入でも結構です。

（中略）彼女のお母様は優しい方ですが、叱るべきときにはきちんと躾（しつけ）をされる愛情深い方です。お父様も、そして二人のお兄さん方もとても素晴らしい方です。

親子関係は良好とは言えませんが、思春期の子どものいる家庭のよくある一つの状態だと思われます。今の彼女の行動も、思春期の正常な成長過程の表れで、時間が経つのをただ見守るだけしかできないのでしょうか？

それとも、いけないことをしたときは、愛をもって叱り、正しい道へと導くべきでしょうか？

アフガニスタンの子どもたちと比べると、本当に贅沢（ぜいたく）な悩み事ですが、彼女と彼女の愛すべき家族の方に光をお与えください。

そして、わたしはどうあるべきか、なにをすべきなのか、何らかの形で示唆していただければ、大変嬉しく思います。

（ＨＨさん）

A ご家族の皆さまがどれほど心を痛めておられるか、あなたがどれほど心を砕《くだ》いておられるか…わたしにも痛いほど伝わってきます。けれど、それにも増して、お嬢さんの寂しさ、不安、恐れ、怒り、不信…もまた、わたしには伝わってくるのですよ。

彼女と彼女のご家族が何を、どんなふうに感じ、考え、行為される方々なのか、わたしには分かりません。ですから彼女と彼女のご家族が何をしたらよいのか、また、あなたが何ができるのか、適切に答えることはできません。なぜなら、この世に在る人はみな異なった存在であり、異なった思いと、異なった考えを持ち、そして、その思いと考えに従って行為しているのですから…。

ですから、このお嬢さんに会って話し、わたしが彼女と共に感じ、彼女と共に考え、彼女と共に行為することなしに、わたしが彼女を真に理解することはできないのです。彼女を理解することなしに、彼女が本当に必要としていることは分かりません。

ですから、これから書くことは、普遍的なこととして読んでください。十代の子どもたちがどのような思いを抱き、どのようなことを考え、そして行為するか…ということを、ルドルフ・シュタイナーの洞察によって示されたことを基にして、そして、わたしと日々共に暮らし、共に学んでいる子どもたちが、わたしに伝えてくれたことをお伝えします。

これからわたしが書くことは、あなたの大切なその女の子にあてはまることかも知れませんが、もしかすると、彼女の抱えている問題は全く個人的なことで、わたしがこれから書くことは、まったく見当はずれのことかもしれません。それをご承知の上でお読みくださいね。

「シュタイナーに学ぶ通信講座」の1年目の5号に「子どもの暴力をシュタイナー教育から考える」、そして、2年目の2号に「17歳、荒れる若者たち」というタイトルで書いた文章があります。もし、お読みになっていらっしゃらないようでしたら、是非、目を通してください。あなたが心から大切にされているる女の子は、暴力を振るっているわけではなさそうですが、「荒れている」のですね。

この年齢の子どもたちが「荒れる」原因はいくつかあります。

① 3歳、9歳の頃に芽を出した「自我」が、育てられなかったということが考えられます。

子どもが成長して大人になるということは、自立した自由な存在として生きることができるための力…すなわち「意志」「感情」「思考」の力が彼らの内で育てられるということです。そして、それらの成長と共に「自我」が育ちます。

子どもの内ではじめて「自我」の萌芽《ほうが》がみられるのが3歳の頃です。このとき、子どもは「いや」「したくない」「きらい」と言い始めます。それ以前は自分と自分を取り巻く世界が一つであるように感じていた子どもの内で、「自分と世界が乖離《かいり》している」ということを感じるようになったからなのです。

それまで天使のように従順で、素直で、優しかった「良い子」が、急に「悪い子」になったように感じて親は驚きます。そして、そんなふうに変わってしまった子どもの姿を嘆き、悲しみ、ときには怒りを感じることさえあります。

これは、子どもが成長するために、必ず経なければならない過程です。同時に親が親として、人間として成長するために必要な過程でもあります。けれど、「良い親」であればあるほど、子どもの変化に衝撃を受け、そんな状態に在る子どもを受け入れ難く感じます。子どもはそれを、敏感に感じ取り、「良い子」であればあるほど、親の期待に応《こた》えたい、親を悲しませたくない、親を怒らせたくない、と思います。そして、自らの内に生まれようとしている「自我」の芽を、我慢すること、偽ることで自ら潰（つぶ）してしまうことがあります。

② 9歳の頃になると、「自我」の芽は、また一段と成長を見せます。そのとき、子どもたちは、はっきりと「自分と世界は違う」ことを感じます。あんなに好きだったお母さんが、自分とは違う存在なのだということを知ります。尊敬していたお父さんも、先生も、可愛がってくれているおじいちゃんも、おばあちゃんも、「自分とは違う」ということに気がつきます。

子どもたちは、「自分は世界でたった一人の存在である」ということを知るのです。「これからは、たった一人で生きてゆかなければならないのだ」ということに気がつきます。そして同時に、まわりにいる大人たちの内にある「虚偽」「偽善」「不正」「不正直」「誤魔化し」が見えるようになります。彼らは、そんな大人の在り方に異議を唱《とな》えます。

寂しくて、不安で、恐ろしくてたまりません。子どもたちは深い孤独に陥《おち》ります。心から愛し、尊敬し、憧れていた「権威」を失ってしまったのです。

③ 「自我」がしっかりと育つために子どもたちは、もう一つの段階を践（ふ）まなければなりません。それは16、7歳の頃にやってきます。

その頃、子どもたちの心はますます外に向けられ、世界と出会います。そして、彼らは世界を知りたいと思います。世界のそこここで起きていることの意味を知りたいと考えます。世界と自分との関わりを発見したいと願います。そして、「理想」の世界を思い描きます。つまり彼らは、世界と「内的」な関わりを持とうとするのです。

同時に、彼らは「世界と出会う」ことを通して「自分自身」に出会います。そして、自分自身に向き合います。彼らは自分自身とも「内的」な出会いをするのです。また、彼らは人間の力を超えた「存在」とその存在が持つ「力」に憧れます。人間の力が及ばない世界に惹《ひ》かれます。

そうして、彼らは「理想」を共有し、共に「理想」を目指す大人を探し求めます。人間の力を超えた「存在」を、彼等の前に示す人を求めているのです。彼らは、まわりの大人と「内的」に関わりたいと考えます。「内的」に強く結びつきたいと望むのです。

あなたが心配されているお嬢さんの状態がお分かりになったでしょうか？　彼女はこのような過程を経て、今、「自我」が成長する最後の段階まで進んできました。

彼女が3歳の頃、ご両親は彼女の内で芽を出しつつあった「自我」に気がついたでしょうか？　そして、「自我」が言わせる彼女の「イヤ」を、受け入れることができたでしょうか？「天使」のままでいることを、彼女に求めはしなかったでしょうか？

お嬢さんが9歳の頃、彼女の内で育っていた「自我」がさせた「反抗」を、ご両親は受け止めることができたでしょうか？「良い子」であることを、彼女に強いることはなかったでしょうか？

そして今、彼女の内で成長を遂げた「自我」が、彼女に世界と「内的」に関わることを望んでいます。「内的」な関係を持ちたいと願っている彼女の「自我」は、表面的な「ことば」のやりとりを嫌っています。「配慮」などして欲しくはないのです。真心のこもっていない「気遣（きずか）い」は受けたくないのです。

わたしは彼女にも、彼女のご両親にもお会いしたことがありません。間違っていたらごめんなさい。

あなたは…彼女のお母様は優しい方ですが、叱《しか》るべきときにはきちんと躾《しつけ》をされる愛情深い方です…と書かれていますね。もしかすると、お嬢さんはお母様のその優しさが耐えられないのかも知れません。もしかしたら、彼女は立派に、理性的に「叱られる」より、感情的に「怒られ」、「怒鳴《どな》られる」ことを望んでいるのかも知れません。「きちんと躾られる」より、めちゃくちゃ道理の通らないことを言って、「咎（とが）め」られたいのかも知れません。

わたしは欠点だらけの人間です。ですから「立派な人」と一緒にいると、とても疲れます。欠点も弱点もない人と、わたしは親しくなることができません。「立派な人」といると緊張し、心が安まることがないのです。欠点も弱点も見せない「立派過ぎる人」を、わたしは心から信頼できません。

わたしが心から愛し、敬い、憧れる人は、みんな弱さを抱えています。大きな困難を背負っています。そして、そんな自分自身の在り方を知っています。彼らはそれを克服しようと努力しています。努力しながら負けることがあります。弱さに引きずられることがあります。それを嘆いています。けれど、いえ、だからこそ、わたしは彼らを心から愛することができるのです。

わたしと一緒に「ひびきの村」で働いている仲間は、わたしがたくさんの弱さと課題を抱えて生きていることを知っています。そんなわたしを、彼らは全力で支えてくれています。そして、わたしもまた、彼らの弱さや傷を知っています。そんな彼らを心から愛（いと）おしいと感じます。わたしたちは皆、弱い人間です。弱さに引きずられ、誘惑に負け、ときには悪をも行います。

わたしたちは、そんな互いの存在を大切に思っています。不完全な人間だからこそ、わたしたちは助け合い、支え合って生きようとしているのです。弱いわたしたちは、助け合い、庇（かば）い合わなければ生きていかれません。お嬢さんのお母様は、弱さも困難も持ってはおられないのでしょうか？　お父さんと二人のお兄さん方には、克服しなければならない課題が何もないのでしょうか？

もし、そうであるなら、それほど立派な家族と一緒に暮らすことを、お嬢さんは苦痛に感じているのではないでしょうか。立派な人、優れた人と一緒にいるとき、わたしは尊敬しながらも、自分の醜（みにく）さ、狡（ずる）さ、浅ましさがことさら見えて、落ち込み、自分に嫌気がさすことがあります。自分の不完全さが悲しくて、ときには絶望することもあります。

もし、お嬢さんのご家族が、自らの内に「負」を抱えていながら、それを人に見せないように、気づかれないように、悟《さと》られないようにしているのなら…彼らのそんな生き方に、彼女はきっと深く傷ついていることでしょう。彼らを信頼する心を失い、どんなに孤独な心を抱えて寂しい思いをしていることか……。どうぞ、彼女と「内的」に向き合い、彼女と「内的」な関わりを築くように、ご家族に話してください。そして、彼女の本質と向き合うように言ってください。あなたも全身全霊を以て、彼女と向き合ってください。

それはときに、あなたの醜《みにく》さ、弱さ、狡《ずる》さを見せることになるかも知れません。けれど、それを怖《おそ》れないでください。彼女は彼女の全存在を賭《か》けて、あなた方に挑《いど》んでいるのです。「本当の自分をさらけ出して！」「嘘《うそ》を言わないで！」「表面的な関わりはもうイヤ！」と、叫んでいるのです。わたしにはそう思えてなりません。

彼女は身体を張って、あなた方に促しているのです…あなた方と深い関わりを持つために、あなた方と「内的」な関わりを築くために…。

間違っていたら、ほんとうにごめんなさい。けれど、わたしにはお嬢さんの悲しみと怒りと、そして、彼女の家族に対する深い愛が感じられるのですよ。

Q **新しい7年期（42歳から49歳）に入るにあたってか、人生の選択など、いろいろなことが起こっています。**

実は今、わたしは某専門学校で保育を教えていますが、やはりそこでは、わたしの力不足を感じています。その上、幼児教育の現場で、まだまだ学び足りないことや、その子ども達のために残りの人生をと思うのです。しかし、そうすれば我が家よりも距離的に遠くなります。そう考えますと、自宅にも自分の子ども達がいてと、どこでどう選択をしていったらいいのかと悩んでおります。

また、専門学校は、学校とはいえども資格を取らし、いかに就職を目指すかが入学人数を確保するものと言うことで、わたしが共に学びたい、また考えていきたい教育とは遠くかけ離れたものと言うこともあり、今の自分は何をしているのだろうか、何がわたしの使命なのだろうかなどと悩んでおります、どのように人生を選択していくことが大切なのか、教えていただけませんでしょうか。

（愛媛県／谷川幸実さん）

A

「選ぶ」ことは、本当に難しいことですね。多くの可能性から一つを選ぶことは、その他のすべてを捨てることなのですから…。

あなたは「正しい選択をするために、どうしたらよいか？」と、お聞きになっているのですね。けれど、あなたはもう、答を知っていらっしゃるのでしょう？　ご自分が進もうとされている道がどれか、お分りなのですね。…分かってはいるけど、その道が困難な道、険しい道、細い道だから…怖れているのですね。躊躇《ちゅうちょ》しているのですね。その道を進む勇気が持てないのですね。

だれでもそうですよ。どんな人でも、見知らぬ道を歩くのは恐ろしいと感じます。できるなら避《さ》けたいと思います。先になにが待ち受けているか分かりません。怖いのは当然でしょう！

大きな決断をしたとき、わたしはいつでも泣きました。震えました。尻込みしました。夫と別れることを決断したときも、身体が震え、心が震えました。何日も何ヶ月も激しい動悸《どうき》が止まりませんでした。怖くて、恐ろしくて、寂しくて、不安でたまりませんでした。申し訳なくて、心苦しくて、心臓が止まってしまうかと思ったほどでした。今でも、彼のことを想うと、心がうずきます。

42歳の夏、再びアメリカに渡ったときも苦しかった！　当時、高校3年生だった長男を日本に残して行くことは、断腸の思いでした。それが長男自身の決断だったとは言え、受験という困難を迎えるときに、傍《そば》にいて支えることができないことを、どれだけ済まないと思ったことでしょう！

成田空港まで見送りに来てくれた彼は、寂しさや不安を隠そうと懸命に笑顔を見せていました。もう15年も前のことなのに、今も書きながら涙がこぼれてきます。

ルドルフ・シュタイナー・カレッジでの仕事を捨てて、日本に帰ってくることを決めたときにも、大きな勇気を必要としました。日本に帰ってからの、収入の目途はまったくありませんでした。「ひびきの村」で働く若い仲間が生活するために必要なお金を捻出《ねんしゅつ》することも、保証されていませんでした。「ひびきの村」をつくると言っても、なにも当てはなかったのです。ただただ、…今「人智学共同体」を日本につくることは、世界が必要としていることなのだ…という確信があるだけでした。そして、その仕事は、気付いたわたしの使命なのだ、という確信だけだったのです。

今わたしに言えることは、…すべてを捨てて選んだ、たった一つの決意が、今ここへ、わたしを導いてくれたのだ…ということです。その決意はわたしと、わたしの大切な人に多くの悲しみと、辛さと、苦悩をもたらしました。自らが耐えなければならない苦い体験にも増して、わたしが下した決断のために与えた他者の苦しみを耐えることは、大きな苦しみでした。ですから、今お子さんのことを気にかけていらっしゃるあなたのお気持ちは、痛いほど分かるのですよ。

わたしは、あなたに決意するようにと促すことはできません。あなたにすべてを捨てて一つを選びなさい、と奨（すす）めることもできません。楽な道を避けて、険しい道を歩きなさい、と励ますこともできません。わたしはただ、自分の体験を書くことができるだけです。

わたしが自分の個人的な体験を書きすぎる、という批判があることは承知しています。けれど、わたしはこうして皆さまにお伝えするしかないのです。そして、…ルドルフ・シュタイナーの思想こそが、わたしが苦悩を乗り越えるための大きな力となり、支えとなり、道しるべとなった…ということを伝えることが、今わたしのできる唯一のことなのです。

ニカノール・ペルラス氏も言っていました。「もし、人智学に出会わなかったら、わたしはきっと自殺していただろう」と…。

シュタイナーは、「苦悩と困難こそが、『真理』へ続く道を、あなたに示すのだ」と言って励まし続けてくれました。

もう一つ、これもわたしがシュタイナーから学んだことです。「あなたが正しくないと知りながらそれをするなら、そのことによって、あなたは世界を破滅する道へ押しやっているのだ」と…。

わたしが知る限り、「正しい道」「真理の道」は、険しいものです。その道を歩くためには、「愛」と「忍耐」と「慈悲」が求められます。決断できないのなら、待ったらいいのですよ。無理に、今決断しなくてもいいのです。怖くて怖くて、その道に足を踏み入れることができないのなら、できる日まで待ったらいいのです。やがて力を蓄《たくわ》えて歩み出せる日がくることを願って…待ったらいいのですよ。

「正しい道」を歩み出すために、わたしは10年の間、足踏みを続けました。それほど、わたしは意気地がなく、勇気もない人間だったのです。

Q

わたしは昨年10月頃、「エホバの証人」の方の訪問を受け、以来、聖書の勉強を一緒にしております。勉強を始めたきっかけは、エホバの証人の方がご近所で顔見知りであったことと、シュタイナーの思想を学ぶ上で、聖書の知識を得ることが、とても有益に思えたから等です。

しかし、聖書を学んでゆくうちに、シュタイナーの思想との違いや、3歳の子どもに対する聖書（子ども向けのやさしいことばで書かれた絵本）の読み聞かせなどの点に置いて、エホバの証人の方との勉強を、更につづけてゆくことに迷いが生じてきたのです。我が家ではできる範囲の中で、シュタイナー教育の実践を目標としており、現在の子どもの成長過程において、聖書の勉強をどのようにとりあつかえばよいのか、アドヴァイスをお願い致します。

（匿名希望の方）

A

実は、わたしも若い頃、「エホバの証人」の信者さんと「聖書」を学んだことがあるのです。わたしの心が大揺れに揺れているころでした。確かなものを見つけたくて、確かなものに依って生きてゆきたくて、確かなものに導かれたくて…。

信者さんたちは、皆穏やかで、静かで、善良な方ばかりでした。彼らは、「イエス・キリストの教えに従って生きていると、心が騒ぐことがない」と話してくれました。「イエス・キリストが示すように生きていたら、死んだ後に天国へ行くことが保証される」と言いました。

わたしはカトリックのミッション・スクールで育ちました。毎日「宗教」の授業があり、天国や煉獄《れんごく》（カトリック教で、天国と地獄との間）、地獄の絵を見せられ、脅《おど》されました。幼いわたしはほんとうに脅されていると感じたのです。

「大罪を犯すと地獄へ落とされる」、「小さな罪を犯した者は、煉獄へ行って改悛《かいしゅん》すれば、いつか天国へ行かれる」「キリストを信じない者は、天国へ行かれない」ということばを真に受けて、わたしはほんとうに怖くてたまりませんでした。

けれど幼いながらも、わたしは二つのことを疑問に思うようになりました。…キリストがほんとうに愛深い方なら、わたしを脅《おど》してこんなに怖がらせるはずはない…、そして…キリストがすべての者を愛しておられるなら、『キリストに帰依《きえ》しない者は、救われることがない』などということはないはずだ…と。

そして、わたしは教会から離れてゆきました。

「エホバの証人」の教えも、…「この世の終わり」を強調して入信を勧《すす》めている…ように感じました。けれど、わたしだけが受けた印象かもしれません。

「脅して勧める」という態度は、わたしはいやでした。そのときわたしは、わたしを縛《しば》っている、わたしの思いから逃れたいと願っていたのです。わたしを不自由にしている、わたし自身の思いから解き放たれたいと思っていたのです。けれど、…脅して入信を迫って、またわたしを縛ろうとしている…と、感じました。

そして、わたしは彼らと学ぶことを止めました。彼らは決して強いことばで迫ることはありませんでした。激しいことばを使うこともありませんでした。ですから、「脅されている」と感じたのは、わたしの問題だったかも知れません。

ルドルフ・シュタイナーは、すべての「キリスト教」と呼ばれる宗教は改革されなければならないと考えました。人間の自由を損《そこ》ない、精神性が失われ、物質的な教えを説くキリスト教を改革するために、「キリスト者共同体」の考えを示しました。

シュタイナーは、…既存のキリスト教の誤りは、「聖書」を物質的な視点から読み、解釈することである…と考えました。

わたしはサクラメントで暮らしていた頃、「キリスト者共同体」のメンバーとなりました。そして、司祭と一緒に「聖書」を読む機会を得ました。「精神的な視点から聖書を読む」ということを体験することができました。

全人類にとって、キリスト・イエスの存在と衝動がどのような意味をもっているかということを、精神的な視点から体験し、理解することができました。その体験と理解は、わたしを自由にしました。それまでわたしを縛っていたさまざまなことから、わたしを解き放ってくれました。キリスト・イエスの存在とキリストの愛は、わたしにとって真実となりました。そして、わたしは自由でした。

サクラメントで暮らしていたときも、「ひびきの村」で暮らす今も、クリスマスの「聖なる12夜」に、わたしは仲間と共に、シュタイナーが著した「福音書」を読みます。そのことによってわたしはキリストを現実のものと感じ、キリストを体験することができます。ここで、多くを書くことはできませんが、あなたに是非、お薦《すす》めしたいことは、シュタイナーの五つの福音書を読むことです。

東京、神田の三崎町に、日本で唯一の「キリスト者共同体」の教会があります。毎日曜日と土曜日に、「人間聖化式」が行われています。子どものための礼拝もあります。

お近くかどうかわかりませんが、お出でになる機会をつくられたらいかがですか？

そして、司祭さんとお話なさったらいかがでしょう？　たくさんの示唆をいただけると思います。

住所は東京都千代田区三崎町3-6-15，201

電話、ファックス番号は03-3221-5111

Eメールはinfo@kirisutoshakyodotai.orgです。

★編集部より★　大村さんが出版予定の『家庭でできるシュタイナー教育・ペダゴジカル・ストーリー』及び『家庭でできるシュタイナー教育Q＆A』（共に仮題）は、出版が遅れています。「絵本」及び「七年周期」を先行させたという理由です。2002年中には発刊予定です。

大村祐子さんが直接レポートする、もう一つの「風のたより」

もっと開かれた「ひびきの村」になるために

「いずみの学校」はフリースクールとなり、すべての子供達に開かれた学校として、再びスタートしました。社会と教育を変える力となるための第一歩です。

「ひびきの村」がNPO法人になりました

「ひびきの村」が、特定非営利活動法人（NPO法人）として認められました。NPO法人とは、営利を目的としない社会活動を行うグループの名称です。ということは、「ひびきの村」が、…世界に必要とされる活動を行う団体…として、その存在と活動を認められたわけです。

　思えば長い道のりでした。

　5年前に、仲間が5人、それまで暮らしていたカリフォルニアのサクラメントを後にして、伊達に移住してきました。ここには長年シュタイナーの勉強会を主宰している方々がおいでになり、その中のお一人が、お知り合いを紹介してくださり、一軒家を

南側より校舎を望む。窓は2重になっている。

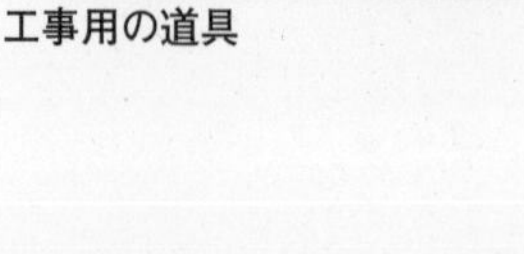

工事用の道具

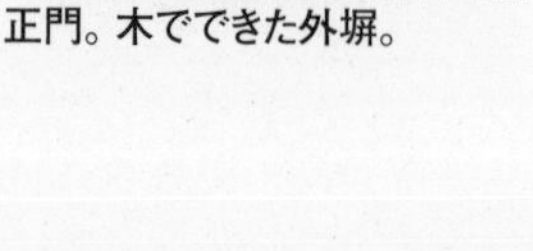

正門。木でできた外塀。

お母さん方と7,8年生の子どもたちがペンキの調合。

お借りすることができました。

台所、風呂場、洗面所、トイレ、居間の他に5つの寝室があるその家に、5人の女性と5歳になる女の子と犬が1匹一緒に暮らし始めました。

日本では、一軒の家で複数の他人が一緒に暮らすということは、奇異に映るのでしょうか。ご近所の方の通報で、警察の内偵が入ったことを、後で知りました。挨拶をしても胡散臭（うさんくさ）い顔をして、顔を背《そむ》けられることがありました。

スタッフとして働くことを希望した若い人が、次々と伊達に移ってくるようになりました。不動産屋さんに行って、アパートや貸し家を探しても断られました。不動産屋のご主人は「ひびきの村」のことをご存じでした。そして「まともな仕事じゃないから、貸し家もアパートも斡旋《あっせん》できない」とおっしゃって、にべもなく断られました。2年前のことです。

「ひびきの村」の事務局に刑事さんが二人お出でになったことがありました。

「お宅の学校の前に止まっている松本ナンバーの車はオウムの関係じゃないか、という通報があったんですよ。わたしたちは皆さんがしている学校だということは分かっているんですが、一応、通報がありましたので…」と話されていました。

黙々と壁を塗る子どもたち。

やはりご近所の方が、心配なさったのですね。

松本ナンバーの車は、長野県から移住していらした家族のものでした。1年前のことです。

フリースクールとなる

教室に置く家具も手作り。

工事のあい間に皆が集まる。

2002年1月19日、北海道新聞、胆振《いぶり》地方版に「シュタイナー教育実践の伊達『ひびきの村』、NPO法人認証フリースクールに、不登校児も受け入れへ」という大きな見出しの記事が載りました。

わたしたちは長い間、共に考え、話し、逡巡《しゅんじゅん》を経た後に、「シュタイナーいずみの学校」を、「フリースクール」とすることを決意しました。

伊達市の校長会と教育委員会の皆さんは、市内の公立小学校と中学校に手続上在籍しながら、「シュタイナーいずみの学校」で学んでいる子どもたちをどのように取り扱ってよいか、苦慮されていました。何度も話し合いを重ね、その折りに行政の方々が言われることは、「『いずみの学校が』学校法人か、フリースクールになってくれたら、こんなに苦慮せずにすむんですよ…」ということでした。

「フリースクール」の確かな定義はたった一つ、文部科学省が出したものがあります。それは、「フリースクールとは、何らかの原因で学校に行かれない子どもを支え、助けて公教育に戻ることができるようにする教育機関」であるということです。

わたしが「シュタイナーいずみの学校」を学校法人にする意志がないのは、文部科学省で決められた「学習指導要領」に従うことができない

昼食やおやつの時、大人も子どもも笑いがこぼれる。

からです。「学習指導要領」が示している教育の理念と内容は、シュタイナー教育が目指しているものとはまったく異なります。

「シュタイナーいずみの学校」を「フリースクール」とすることを、わたしたちが躊躇（ためら）っていた理由は、「フリースクール」の定款《ていかん》が、「公教育機関に戻すことを目的とする」ということでした。

それが、一転してなぜ、「フリースクール」としたかについて、皆さまはきっと訝（いぶか）しく思われることでしょう。

理由は二つあります。一つは「シュタイナー教育を実践することで、社会を変える」という「ひびきの村」の活動の目的を果たすためです。

わたしたちは、…わたしたちの子どもたちだけが、幸せになれたらそれでよい…とは決して考えていません。わたしたちは…地球上に暮らすすべての子どもたちが、自由な人間として生きるために必要な力を獲得する…ことを目的として活動しています。そのためには、ルドルフ・シュタイナーの思想を基にして行われるシュタイナー教育こそが相応《ふさわ》しいと考え、それを実践しているのです。勿論、世界にはさまざまな思想があり、その思想に基づいた教育活動があります。ですから、わたしたちは日本中の、世界中の学校が「シュタイナー学校になったらよい」と考えているわけではありません。

親は、それぞれの思想と信条に基づいて、子どもの教育を選ぶ権利があります。けれど、今日本では、その権利が認められていません。その権利を獲得するためにも、わたしたちはわたしたちの自由な意志によって「シュタイナー教育」を実践することが必要だと確信してます。

教育は、教師と親と地域の人によって行われるものです。これまでの「シュタイナーいずみの学校」の姿勢は、「『シュタイナーいずみの学校』で学ぶ子どもは、ルドルフ・シュタイナーの思想を理解している親、少なくともシュタイナー教育が目指すことを理解している親の子どもに限る」というものでした。

日本のどのくらいの親がシュタイナーの思想を理解しているでしょうか？　どのくらいの親がシュタ

イナー教育が目指していることを理解しているでしようか？

わたしたちは社会運動の一つとして、教育活動を行っています。社会を…人が希望を持って生きることができる場所、人が確信を持って生きることができる場所、すべての人がそれぞれ担っている使命を果たすことができる場所…とするためにシュタイナー教育を実践しています。

シュタイナー思想の持つ力を確信しているわたしたちだけが幸せになるのではなく、わたしたちの子どもたちだけがシュタイナー教育の恩恵を受けるの

うれしくて、思わず走ってしまう休み時間。

7、8年生のクラス。(担任、大村先生)冬は雪で外に出られないので休み時間は楽しく遊ぶ…。

ではなく、必要な人に、必要な子どもに働きかけ、多くの人と子どもがシュタイナー思想とシュタイナー教育が持つ力に与（あずか）ることができるよう、そして、生きる目標である「精神の進化」を共に遂げることができるために、活動しているのです。

そのためには「シュタイナーいずみの学校」はすべての人に開かれた場所となる必要がありました。

わたしたちは「シュタイナー教育を知らない人」「シュタイナー教育のなんたるかを理解していない人」「シュタイナー教育を受けさせたいと考えているわけではない人」の子どもたちをも引き受けようと決めたのです。縁があって出会った方々が、たと

え「シュタイナー教育」を知らなくとも、理解していなくとも、共に学び、働き、彼らの子どもたちにも、わたしたちの学校で学んでもらおうと決めたのです。

そうしない限り、シュタイナー教育は一部の人たちのものでしかあり得ません。それでは社会を変える力など持ちようがないのです。

二つ目の理由は、…伊達市で公教育に携《たずさ》わっている方々とわたしたちが、それぞれの存在と仕事を認め合い、子どもたちが学ぶためにより良い環境を整える…ためです。

「シュタイナーいずみの学校」で学んでいる子どもたちは、地域の公立学校に学籍を持っています。それぞれの学年のクラスに属し、担任の先生も決められています。教室には彼らの机と椅子もあり、靴箱も用意されていると聞きました。

担任の先生は、担任として、また校長先生や教頭先生は管理職にある者として、子どもたちがどこで、どんな教育を受けているのか、誰が教えているのか…把握する必要があるとおっしゃいます。

ご自分たちの責任下にある子どもたちが、学校として社会に認知されていない「シュタイナーいずみの学校」に通い、そこでどんな教育が行われているかも分からないという状況では、ご自分たちの職責を果たせない、とたいそうお困りのようでした。

けれど、「シュタイナーいずみの学校」が「フリースクール」として認められたということは、公に教育機関として認められたということであり、関係者が徒（いたづら）に杞憂《きゆう》する必要がない、ということなのです。

これからは、校長先生や教頭先生に、「午前中はこちらの学校で勉強し、午後にいずみの学校へ行ったらどうですか？」とか、「土曜日だけでも授業を受けるようにできませんかねえ…」とか、「せめて、行事にだけでも参加しませんか？」と言われることはなくなるでしょうか？　卒業を認めてもらうために、「卒業文集」に文章を寄せることを強いられることもなくなるでしょうか？

ともかく、地域の教育者や行政の方々と対立するのではなく、手を携（たずさ）えて、子どもたちにとってもっとも相応《ふさわ》しい教育の環境を整え、もっとも必要とされる教育活動をするために、わたしたちは「フリースクール」という形をとることに決めました。

但し、これは長い道のりの、一つのプロセスだと考えています。将来は分かりません。文部科学省の方針が、今後、どのように変わるか…それによって、日本の教育の流れは大きく変わるでしょう。変わらないのであれば、わたしたちが変えます。そのためにも、今、わたしたちは「フリースクール」として認められ、もっともっと社会と関わるための接点を広げたいと考えたのでした。

最も重要なことは、「フリースクール」になったからといって、わたしたちが行う教育活動の中身はまったく変わらないということです。むしろ、すべての人に門戸を開くためには、「より明確に、より徹底してシュタイナーの思想に基づいた教育をする必要がある」と考えています。

ルドルフ・シュタイナーが90年前に、彼の人間観、世界観による教育を始めたのは、エミール・モルトという人が経営していた、ヴァルドルフ・アストリアというタバコ会社で働く労働者たちの子どものた

教室に置かれた大村さんの机。この3月15日の終了式まで使われていた。

上　3～4年生の教室。
下　5～6年生の教室。

めでした。

　彼等のすべてが、必ずしもシュタイナーの思想を理解し、その思想に基づいた教育を自分たちの子どもに受けさせたいと考えていたわけではないでしょう。それを考えると、わたしたちが行う教育も、シュタイナーの思想を深く学び、シュタイナーの思想を生きることを心に強く決めた親の子どもたちだけを対象にすることは、その目的に叶うことだと、わたしには考えられないのです。

「シュタイナーいずみの学校」が、「フリースクール」として活動することに対しては、さまざまな考えがあると思われます。が、わたしたちは「父母と教師の会」で十分話し合いました。そこで反対する人は一人としていませんでした。

　わたしたちはすべての子どもたちに開かれた「NPO法人『ひびきの村』フリースクール・シュタイナーいずみの学校」として、新たな出発をすることを決意したのです。

新しい校舎を造ろう

　先号でもお伝えしましたが、「シュタイナーいずみの学校」は、１９９９年10月に、２人の子どものために始められました。それから２年３ヶ月経った今、「シュタイナーいずみの学校」で学ぶ子どもたちは30人になりました。

　これまで使わせていただいていた「元産院」の建物はとても手狭になり、新しい校舎が必要になりました。

　紆余曲折《うよきょくせつ》の後、わたしたちは、今わたしたちの力で最大限に可能なものをつくろうと決めました。

　これまでも、「ひびきの村」の活動を支え続けてくださった須藤建設の須藤俊幸氏が、ご自身が経営する会社の所有している６００坪の土地を貸してくださることになりました。そこに、約72坪（約２３６㎡）の中古のプレハブを建てて校舎として使うことにしました。

　校門の前は約30メートル幅の道路、両隣は二階建ての建物と電気会社の事務所と倉庫がある、工業団地の中です。それでも、まわりにはまだまだ空き地がたくさんあります。そして、東には東山、西には有珠山と昭和新山、校門を出ると、道路の向こうに噴火湾が見えます。

実は、わたしたちが理想とする場所は他にあります。わたしたちの夢の中には、いずれ、木々に囲まれたひろびろしたその土地に、保育所、幼稚園、小、中、高等学校、カレッジ、事務所…「ひびきの村」の教育活動のすべてがその土地で行われることが描かれています。それまでの間、松ヶ枝町の工業団地の一角で、最大限の努力を払って、わたしたちが理想とするシュタイナー教育の実践を続けてゆきます。

絵をかわかすための棚も手作り。見事。

ストーブの暖かな図書室も立派に出来上がった。

2001年12月21日、2年2ヶ月あまりの間、中泉さんにお借りし、使わせていただいた校舎に、感謝とお別れの会をしました。わたしは子どもたちに、…たった2人の子どものために始められた「シュタイナーいずみの学校」…の歴史を話しました。

自分の名前が出てくると、照れて下を向く子ども、誇らしげにまわりを見回す子ども、わたしの顔を真っ直ぐに見つめる子ども…どの子にも、わたしは運命的な出会いを感ぜずにはいられませんでした。

心を込めて、校舎のすみずみまで掃除をし、最後に、子どもたちと先生が一列になってハレルヤを歌いながら、学校中を廻（まわ）りました。ここで学んだのは2年と2ヶ月と短い間ではありましたが、忘れられないたくさんの思い出がこみ上げてきました。万感の思いを残し、わたしたちは校舎にお別れしたのでした。

翌日は、伊達市カルチャーセンター・ホールをお借りしてクリスマス会を行い、中泉さんご夫婦とご長男のために、子どもたちが少しずつ分担して編んだマフラーをプレゼントしました。

中泉さん、本当に、本当にありがとうございます。中泉さんご一家の篤（あつ）いお心のおかげで、わたしたちはわたしたちが理想とする教育活動を始めることができました。数々のご厚意を心から感謝いたします。

そして、わたしたちを導き、守り、支えてくれたすべての善き力、尊い心、気高い精神の存在に深い感謝の意を捧げます。

プレパブ校舎をシュタイナー学校に

まったく利益を見込むことができない「シュタイナーいずみの学校」の仮校舎建設を、須藤建設さんが引き受けてくださいました。届いた見積書には、玄関をオプションとして付けた約72坪のプレハブ校舎の内外装一式を含めた全工事代金として2700万円が計上されてました。その額は、わたしたちの力を遥《はる》かに越えたものでした。

「ひびきの村」の運営資金は、さまざまなプログラムとワークショップなどの活動を続けるため、そして、「シュタイナーいずみの学校」の赤字を補塡《ほてん》するだけでぎりぎりです。新しい土地を購入することや校舎を建設するための蓄《たくわ》えはまったくありません。

けれど、「ひびきの村」の活動のために尊いお志を贈ってくださる方、お金を貸してくださる方がいらっしゃいます。皆さまの尊いお金は、いずれ校舎を建てるときのために、と考えて、貯《たくわ》えておきました。それが570万円ありました。

須藤建設の担当の方に、資金は570万円しかないことをお話しして、それだけで何とかできることを考えていただきました。

● 中古のプレハブを須藤建設さんが購入し、「シュタイナーいずみの学校」に貸す。（代金を払い終え

た時点で、所有権を「ひびきの村」に渡す）

●業者さんには、わたしたちが持っている資金内の範囲で、できる限りの工事をしてもらう。

●その後は、すべてをわたしたちの力でする。

ということを決めました。

12月14日

地鎮祭《じちんさい》を行いました。風速10メートル以上の冷たい風が吹く日でした。土地の四隅に、知人からプレゼントされた水晶の粉と白いサンダルウッド（白檀《びゃくだん》）の粉と黄色いダーメリック（ウコン）の粉、そして赤いクムクム（和名なし。インドの香の一つ）の粉を撒《ま》きました。それを、わたしたちは「シュタイナーいずみの学校」で子どもたちとわたしたちが共に励んでいること、「感謝すること」「愛すること」「務めを果たすこと」のシンボルとしました。

それからハレルヤを歌い、その土地の中央に集まり、みんなで大きな輪を作りました。

…これからこの場所は、わたしたちが人間として生きるために大切で必要なことを学ぶ場所になる…ということを、わたしは子どもたちに話しました。それは、…ご自分の仕事の時間や楽しみの時間を犠牲にして働いてくださる多くの方々の力で可能になる…ということも話しました。

給食室。

教員室。

皆で作った下駄箱。

強い風に吹かれながら、子どもたちは一心に耳を傾けていました。

12月16日

基礎工事が始められました。仕事帰りに寄ると、思ったより深い穴が掘られ、コンクリートが流されてしっかりした土台が造られていました。それは、夜目にも頼もしく見えました。

強い風に舞い上がる粉雪の中に立ちながら、わたしの心は燃える火のように熱くなっていることを感じました。

12月21日

当初の計画では、建物を引き渡され、今日からわたしたちは作業を始める予定でしたが、業者の工事が遅れているために、内装に取りかかることができません。スケジュール班は作業する人だけを、塀《へい》と門を作るチームと、内装をするチームに分けていましたが、業者の作業が終わるまで、全員で外仕事をすることにしました。

4年生以上の子どもたちも工事に参加しています。今日は総勢32人もの人が集まって仕事を始めました。凍《こお》った土にツルハシが弾（はじ）かれ、穴を掘るのは難儀です。

12月25日

木の塀《へい》と門ができあがりました。…仕事をせずにぶらぶらしていると寒い…ということが分かり、子どもたちも懸命に身体を動かしています。

12月26日

建物が引き渡され、いよいよ内装工事が始まりました。建物の中に入って見ると、端（はじ）から端までずっと見渡せます。教室、図書室、台所、物置、トイレ、廊下、それぞれを仕切る壁はこれからわたしたちが作るのです。床を張り、ドアをつくり、天井と壁にペンキを塗ります。ともかく、業者にお願いしたら、1000万円は支払わなければならない仕事を、自分たちの手でするのです。しかも、極寒の中で、3週間のうちに…。

工事の総ての責任を引き受けてくださった奥田忠彦さんの顔が日に日に引き締まってきます。毎日、わたしたちは奥田さんから工事の概要、日程、仕事の手順などを聞き、子どもたちは、二人一組となって大人の助手をします。

12月27日

お父さん、お母さんが心おきなく工事現場で働くことができるように、託児をするチームがつくられました。子どもたちは毎朝お弁当をもって「こどもの園」に集まります。

男女トイレの入口ドア。

ドアもボランティアの手で作られた。

働く人に温かいスープを作って届けるチーム、おやつを届けるチームもつくられました。

「ひびきの村」のスタッフは、事情が許す限りお正月休みを返上して、全員が工事に参加しています。幼稚園の父母も来ています。4月から入園する予定の子どもの父母も来ています。入学を希望して、面接を受けに来た子どもたちと、その父母の姿も見えます。

毎日、朝9時から6時まで、30人以上の大人と子どもが一緒に働いています。子どもたちは、仕事の段取りの仕方、道具の扱い方やしまい方を大人から学んでいます。

大切なことに知識を持ち、必要なことを的確にする大人を、子どもたちは感嘆の眼差しをもって見ています。困難なことに突き当たったときには、知恵を出し合い、助け合って困難を突破しようとしている大人を、子どもたちは心から尊敬して見ています。

そして、忙しい日常の仕事をやりくりして工事現場に駆け付ける大人は、子どもたちの笑顔に支えられています。一日も休まず通ってくる子どもたちのひたむきさは、極寒の工事現場を暖かい仕事環境へと変えてくれるのです。

対立することも、争うことも、不平も不満のことばもなく、ただただ一生懸命働く大人に従って、子どもたちは「共に働くこと」「共に生きること」を体験しています。

子どもたちのおしゃべりが多くなると、8年生が下級生を集めて注意している姿が見られ、「これは遊びじゃあないんだから、遊びたい人は帰っていいよ」という厳しいことばが聞こえてきました。

顔は埃《ほこり》で真っ白、作業着はペンキだらけ、切り傷をつくり、擦《す》りむき、それでも子どもたちは自分たちの校舎を自分たちの手でつくる大きな喜びを感じているようです。

2学期の終業式に、わたしは「1年生と2年生と

校舎の玄関は木で作られた。来日し、伊達で仕事中のアメリカ人の大工さんがボランティアで。

3年生は、工事に参加してもらうことはできません。工事は危険なことがたくさんあるからです。ですから、仕事をしてくれるみんなが怪我をしないように、病気にならないように、元気で工事を進めることができるように、お家で祈っていてくださいね」と、話しました。「せんせい、ぼくも工事に行きたいけど、おうちでお祈りしているからね」と、手を振って帰っていった子どもたちの祈りで、わたしたちは元気で仕事を続けられました。

1月21日

「シュタイナーいずみの学校」仮校舎がとうとう完成し、お祝いをする会が持たれました。今日は北海道の冬の一日とは思えないほど穏やかで暖かい日です。

工事に参加した人、陰で支えた人、お留守番をした子ども…みんなの笑顔があふれています。

裸足で歩いても、寝っころがっても、子どもたちがとげを刺さないようにと、身体中を真っ白にして、床にヤスリをかけていた人たち…。

床の木がいつまでも美しく、滑（なめ）らかであるようにと、ワックスをかけていた人たち…。

プレハブ校舎の、せめて、教室のドアだけはシュタイナー建築の考え方でつくりたいと、7辺もある美しいドアをつくってくださった人たち…。

冷たい雪が横なぐりに降り続く中で、ストーブの煙突を据《す》えてくださった人たち…。

全身を目にし、耳にして、大人が必要とする手助けをしていた子どもたち…。

壁をつくった人、床を張った人、ペンキを塗った人、掃除をした人、道具を管理した人、棚をつくった人、靴箱をつくった人、カーテンを縫《ぬ》った人、アイロンをかけた人、スープを作った人、おやつを届けた人、子どもの世話をした人…。

彼らはみんな勇者です！

「大変なことには目をつむる」「正しくないことが行われていても、知らんふりする」「内なる声に、気がつかないふりをする」…次々と襲《おそ》う誘惑にうち勝った彼らは勇者なのです。

勇者を称える芳（かぐわ）しい花々が贈られます。

勇者に感謝することばが語られます。勇者に憧れる眼差しがそそがれます。宇宙が言祝（ことほ）ぎ、熱と光と力が届けられます。

真に、真にありがたいことです。

そして、わたしたちがこの仕事を成し遂げるために必要な意志と、感情と、思考を、わたしたちの内に創り出した「精神の力」に心から感謝を捧げずにはいられません。

1月22日

新しい校舎に、子どもたちが登校してきました。これから彼らは、彼らの人生を全（まっと）うするために、また彼らの役割を果たすために、必要な力と知恵とを、ここで学ぶことでしょう。

この大きなプロジェクトを支えてくださった皆さま、ほんとうにありがとうございました。

世界中の、すべての子どもたちの上に、光がふりそそぎますように。

「ひびきの村」からのお知らせ

「ひびきの村」2002年行事予定

春・夏

4月

イースターワークショップ

4月13日（土）

春、キリストの復活と共に自然界の動植物も目を覚まします。全人類にとってのキリスト存在の意味を考え、新しい自由な生き方を探ります。

時間 午後三時～七時
場所 「ひびきの村」事務局1F
参加費 五〇〇〇円（夕食込み）
内容 講義、水彩、イースターディナー

4月

イースターピクニック

4月14日（日）

長く寒かった冬を乗り越え、春がやってきました。去年とは違う、まったく新しい春です。喜びの時を、お話を聞いたり、歌を歌ったり、卵探しやクラフトをして過ごしましょう。

時間 午前十時～
場所 「リムナタラ農場」

＊暦の上では3月31日がイースター・サンデーですが、学校建築工事の最中のため、延期いたします。

5月

ユース・コンファレンス（若者の集い）

5月10日（金）～12日（日）

若者達は刻一刻、新しいものに出会い、未知なる世界を模索しています。彼らの誰もが、限りない素晴らしい可能性と力を秘めています。「ひびきの村」で、新しい出会いを通して、この可能性を世界に広げてゆきましょう。

5～6月

ベン&ターン・チェリー夫妻による集中講座

5月下旬～6月中旬予定

オーストラリアからベン&ターン・チェリー夫妻をお招きします。夫妻は長年シュタイナー教育に従事し、現在はアジア諸国にシュタイナー教育を広めるため、尽力されています。

「なぜ、こどもは私を選んできたの?」
「シュタイナー学校のカリキュラム」
「人類の進化とカルマ」

by ベン・チェリー

「シュタイナー幼稚園を創めるために」
「シュタイナー幼稚園・学校の祝祭と行事」
「インナーワーク」

by ターン・チェリー

＊詳しい日程はお問合せください。

6月

花のフェスティバル　6月上旬

れんげを摘んで花冠を作ったら、あなたの頭にのせましょう。もも色の花が風に揺れ、うす緑色の葉が陽にすけて輝き、みんなの笑顔がはじけます。真っ白な洋服に身を包み、さあ、笛やヴァイオリンに合わせてメイポールダンスを踊りましょう!

聖ヨハネ祭　6月下旬

農場の牧草地に大きな焚き火を焚いて、「炎の舌」を持っていたと言われる聖ヨハネの誕生日を祝います。私たちの内にある邪悪な思いや考えを炎で焼き尽くし、煙によって浄化します。

7～8月

「ひびきの村」サマープログラム

7月下旬～8月下旬

今、世界に必要とされていることは何なのか、話し合いを重ねながら様々なプログラムを計画中です。

4月末には詳しい内容をお知らせできる予定です。どうぞお楽しみに…。

※日時・内容等は変更されることがあります。詳細は「ひびきの村」事務局までお問い合せください。

2002年度受講者募集中！

シュタイナー学校教員養成プログラム（1年間）

Teacher Training Program (T.T)

1学期　2002年4月22日(月)～7月19日(金)　※4月27日～5月6日休み
2学期　9月17日(火)～12月20日(金)
3学期　2003年1月14日(火)～3月20日(木)
●**授業料**　75万円
●**定　員**　20人

シュタイナーの思想、芸術、シュタイナーの人間学、カリキュラム等を学びます。1学期は「シュタイナーいずみの学校」の1週間の授業見学、2学期と3学期は教師の指導のもと、2週間の授業見学と教育実習があります。1年間で人智学の基礎と、シュタイナー学校の教師に必要なことを学びます。

自然と芸術と人智学を学ぶプログラム（3ヶ月）

NAA(Nature Art and Anthroposophy)

&

ユース（若者のための）プログラム（3ヶ月）

第1期　**4月22日(月)～7月19日(金)　＜12週間＞**
（受講料未定　昨年度例：18万円）　※4月27日～5月6日休み
第2期　**9月17日(火)～12月20日(金)　＜14週間＞**
（受講料未定　昨年度例：21万円）
第3期　**2003年1月14日(火)～3月20日(木)　＜10週間＞**
（受講料未定　昨年度例：15万円）

大人のためのシュタイナー教育プログラムです。…世界をありのままに認識する真の思考…世界をありのままに生き生きと感じる真の感情…考え、感じたことを行為にうつす真の意志…を育みたいと考えています。このコースで体験する水彩、フォルメン線描画、オイリュトミーなどの様々な芸術活動は、私たち大人にとっても、生きるための大きな力になるでしょう。途中参加・部分参加も可能です。

また、18歳から21歳の若い人を対象にしたユースプログラムがあります。人生について考えたい人、自分が本当にしたいことを見つけたい人、人智学に興味のある若い人たちのために、若いスタッフが中心になってカリキュラムを考えました。

第一回ユース・コンファレンス（若者の集い）

若いみなさん！
このままほおっておいていいのですか？　飢えている子どもたちを・・・
このまま許しておけますか？　戦争を・・・
このまま見過ごしていいのですか？　死んでゆく動物たちを・・・
このままでいいと思いますか？　世界は・・・
このまま生きてゆけますか？　わたしたちは・・・

世界の苦悩と、困難と、病と、飢えを、わたしたち自身のものと感じることができたら・・・

世界の嘆きと、渇きと、傷と、痛みを、わたしたち自身のものと感じることができたら・・・

わたしたちは生き方を変えることができるでしょうか？

世界のこと、地球のこと、未来のこと、生きること・・・を、ご一緒に考えましょう！

異なる生き方、異なる感じ方、異なる考え、異なる行為に出会うとき、わたしたちははじめて自分自身に出会うことができます。さまざまな違いを持つ他者を理解しようとするとき、はじめて愛が生まれます。そしてまた、他者と共に生きようと決めるとき、わたしたちの内に無限の力が湧き出るのです。

他者との出会いは、世界を変えるために必要なすべての可能性を秘めています。

あなたもどうぞ、お出でください。

そして、わたしたち若者の力で世界を変える道を見出しましょう！

発起人：「ひびきの村」ユースセクション　大村次郎

日　時　2002年5月10日（金）午後3時30分～12日（日）午後4時（部分参加可）
場　所　「シュタイナーいずみの学校」
対　象　18歳～35歳の方　（一応年齢枠を設けておりますが、若い人たちと共にお考えになりたい方であれば、どなたにも参加していただけます）
費　用　2万円（宿泊、食事込み）
定　員　30人
問合先　〒052-0021　北海道伊達市末永町47SUDOビル3Ｆ
Tel/Fax 0142-21-2684　E-Mail:hibiki@phoenix-c.or.jp
47 SUENAGACHO SUDO BL. 3F DATE CITY　HOKKAIDO JAPAN 052-0021

●詳細は事務局までお問い合わせください。

ひびきの村事務局
〒052-0021 北海道伊達市末永町47　須藤ビル3F　電話＆ファックス 0142-21-2684
（月曜～土曜、午前9時～午後6時の間にお願いいたします）

心の教室（第3期）4

［読者のおたより］で構成する、編集部と読者間の交流ページ

**びっしりと書かれたアンケートでの
ご感想、ご意見。辛口のメッセージも
ふえています。（大歓迎！）
心のこもったおたよりに、
読者の皆様からの励ましを感じます。**

イラスト／
今井久恵
（ほんの木）

第3期「心の教室」は、会員読者の皆様からのお便りと、レポート、アンケート等で構成する、読者の皆様の交流のページです。主に、毎号皆様にお届けする際に同封する、企画会議&アンケートやご意見を中心に、声を取りあげさせていただきます。
☆アンケート＆ご感想はFAX03-3295-1080または、郵送で。
☆〒101-0054 東京都千代田区神田錦町3-21　三錦ビル2F
「ほんの木」までお送り下さい。（担当／柴田敬三まで）

3号の ご意見、ご感想

甘口、辛口、ご意見いろいろ。読者の皆様の本音、絶好調、初めてアンケートの方もふえてます。

■第1期、2期までを一気に読み、ようやく3期の3号を心待ちにする時間が生まれました。友達に借りて読んだ第1期を返してしまったら、主人が「あれっ、ないの？」「えっ！読んでたの」「うん、良かったな」という感じで、主人も一緒に読んでます。そして、3期に入ってから、特に精神に語りかけてくるものがあり、少しずつ深く意味をさぐることが出来るようになってきました。

　私の身の回りのことも、国と国の争いも基本は同じことのように思えます。相手のことを知らなかったのです。自分の勝手な思い、想像で相手を批判して、自分を守るために、相手をおとし入れようと、わからないことや、謎に対して、暗闇に恐怖するように、取り囲まれないように反撃し、相手を傷つけようとする。従う者を自分の仲間とし、反対し批判する者を敵とする。そんな今までのあり方に気付き、新しい考え方に目覚め、今迄の考えを捨て去る努力をしなければいけないのですね。すべては仲間であり、一つに繋がっていることを心にしっかりと刻み込んで、周りの人たちと接したいと思います。そして豊かにある衣食住を受け取ることができる自分の罪を、受けとることができない人々のために、何か役立てることができたら良いなと考えています。

（北海道／吉田久恵さん）

■1月号のエクスサイズ6、18歳と9か月のことを思い出してみました。希望の大学に入学できたにも関わらず、自信喪失して、思い描いていたような楽しい学生生活を送れず、夏休みが終わると休学し、児童養護施設に住み込みで働きに行ってました。いい経験をさせてもらいましたが、自分がいかに未熟かを痛感し、翌年4月に大学に戻りました。「この頃、わたしたちの運命を垣間見る…」の言葉が私に気付かせてくれたような気がします。福祉の道に心引かれながら、そして、何度もその機会があったにも関わらず、迷い迷って違う道を歩いてきてしまったがゆえに、人生を半ば過ぎてしまった今も、自分の納得の行く道を見つけられないでいることに。今月の内容のすべてが関連して、私に人生の再考を促しています。　（兵庫県／駒田芳さん）

■昨年7月に第3子が産まれ、今は大忙しの毎日です。ブックレットもじっくりと読むひまもなく、パラパラ流し読みですが、今号の「エゴイズムを克服する」は何回も読み直しました。読み直すたびに感動しています。そして、自分にできることをやろうと誓っています。（北海道／国岡まり子さん）

■2号で、多発テロに関し、大村さんがアフガニスタンのことを学ぶ必要があると書かれていましたが、3号でその学びが書かれていて、改めて大村さんの意志、行動（認識の力なのでしょうか）に感嘆の思いを持ちました。この間私は何をしたのだろうと。情報を集めても知っただけ、思いを寄せるのも一瞬思うだけで、真の思考でも感情でもなかったとつくづく思っています。　（福岡県／安達晴己さん）

■前回もそうでしたが、大村さんのブックレットは絶妙なタイミングで私の前に現れます。私が、心は自由なのにどうして現実はこんなに狭くて限られているんだろうと落ち込んでいた時に来たこの本は、救いでした。「ひびきの村」がいろいろな人に支えられて順調に成長していることを知って、心からほっとしました。そして私が東京で悩んだり、喜んだり苦しんだりしているように、大村さんや「ひびきの村」の人たちもいろいろなことを学んでいるのだなあと知って、とても救われました。私もゆくゆくは「ひびきの村」へ行こうと思っていますが、離れていても心で学び合うことは出来るのだと強く感じました。

救われること、学ぶこと、感動すること、多々ありますが「私は違う意見だなあ」という部分もあります。その違いがとても大切なことで、私は私として自分の意見を表明していかなければいけないのだと思っています。ブックレットが厚い…とか、前期より会員数が減ったとか、あまり気にせずに全ての恐れや不安をなくして、やりたいようにどうぞ自由にやって下さい。どんなことが起きてもそれは大切な学びですよね。世界は愛と信頼に必ずこたえてくれますよね。（自分にも言い聞かせています）　（東京都／大村由布子さん）

■今月号も大村さんが悩み迷いながらも、前へ進む努力を続ける姿がはっきりとしていて、圧倒されそうです。単に伝える、教える講座ではなく、互いに学び試行錯誤する覚悟が本当に伝わってきて、「本気」とはこういうことだと感じます。

昨年11月にヘルガ・マイケルズさんのオイリュトミーのワークショップに参加しました。（大船）見るのも体験するのも全く初めてだったのですが、とても楽しく疲れを感じない動きに感心しました。私自身、とても困難な状況の中での参加だったので忘れることのできない出合いです。

3号でヘルガさんの人生の歩みを読んで、あの落ち着いた印象はこんな困難と、それでもまっすぐに生きることによって培われていたのだと思いました。

（神奈川県／柳田やす子さん）

■前回の「ひびきの村」レポート、今回のトピックスで小林久美子さんの名前が載っていて、日頃、小林さんには大変お世話になっているので嬉しく思いました。遠く離れていても気持ち…精神、魂はつながっていると感じました。通信講座がとても身近に感じられます。
（兵庫県／ＳＨさん）

■昨年10月に義母を亡くしました。それで今期第2号のテーマをとても深く感じました。義母の死を厳かに尊く、一番的確にとらえていたのは4歳の息子でした。親バカですが感動しました。（発送が遅かったので、何かあったのかと友人共に心配しました。ブックレットが無事届いたので安心しました）
（大阪府／板垣由佳さん）

★ご心配をおかけしました。今号の大村さんによる「ひびきの村」だよりにあるとおり、新校舎移転まで、様ざまな厳しい仕事が重なり、今号も3月15日以後の発送となります。「らでぃっしゅぼーや」「大地を守る会」の会員の方々へは、3月末以後になってしまい、申しわけありません。おわび申しあげます。
（編集部）

■表紙を見てびっくりしました。何故って、最近エゴイズムのことを日々考えながら過ごしていたから。（中略）地球を守りたいという気持ちにウソは無いけど、知らず知らずに単なるエゴで終わってないか、心配です。
「心の教室」は読むたびに、よい世の中にしようと思っている方たちがたくさんいらっしゃるんだなあと、勇気づけられます。それぞれの生活の中で、自分にしかできないやり方で課題を克服しようと一生懸命です。同じブックレットを読んでも、感じることは一〇〇人一〇〇通りある様ですね。自分では見えない視点からもう一度考えてみるということが大切だと思いますので、「心の教室」はもっとページ数があってもいいなと思います。

（兵庫県／賀前知可許さん）

■わたしにとっての37歳と2か月にあるという「ムーン・ノード」は、シュタイナーを勉強している方たちとの出会いでした。いつの間にか4人の仲間ができ、今年始める「ふみだらの会」を作りました。1／21は「自然料理教室」を、1／30は仙台から講師をお招きしてオイリュトミーを習います。3月初めには、『心で感じる幸せな子育て』（ほんの木）の著者藤村さんの講演会を行う予定です。大村さんの講座で学習しなければ、「ムーン・ノード」に気付かなかったと思います。不思議です。

（秋田県／工藤聖子さん）

■今回の通信講座は、今世界で起きていることに対しても、タイムリーに対応がされていて、「今を大事に」ということを感じさせてくれました。自分に対して、子供に対して、周囲の遠くの人々に対して、したいこと、したくてもできないこと（やらないこと）、無意識にしている（知らないこと）ことがたくさんあります。せめて意識して行為できるよう、10知っているうちの1つでも行動に移せるようしていきたいです。

（神奈川県／稲垣裕子さん）

■日々の雑事と育児に追われ、なかなか本を手に取る暇がありませんでした。ですが、アフガニスタンのことが書かれているのに興味を持ち、今日こそはと読み始めると、時間を忘れ何度も何度も読み返し、そして考えることができました。私達には何が必要で、何が出来るのか、まだはっきりとした答えは出せませんが、よく考えてみようと思っています。

（福島県／圓谷美穂さん）

■アフガニスタンの歴史、その背景を読んで、とても勉強になりました。世界の歴史をふり返った時、「違い」が生み出す争いごとの多さに心が痛みます。一体、宗教というものは何なのか？　何のためにあり、人はそれを信じるのか疑問です。

（埼玉県／古沢千恵子さん）

■「わたしたちは学ばなければならない」…その言葉を深く受け止めました。テロに対して深く学ばずに、ああだこうだと言っていた自分が恥ずかしくなりました。また、「理想を探し続けた十代のわたし」を読んで、自分を深く見つめました。今回の内容は自分を深く見つめ、今自分が在るのは何故か……という所まで考えてしまいました。

「こうしたらいい」「ああすればいい」という言葉は、少し知識のある人なら誰でも立派なことが言える。けれど実行に移せる人が少ないと思う。これからは「実行に移す」ということが大切だと思います。

（広島県／池原利恵さん）

■専業主婦として14年、子育てをして10年、自分から積極的に社会に目を向けていかないと、どんどん世界が狭くなってしまって、○○さんちのおかあさん、としての小さな小さな社会の中の一人になってしまうような気がします。他者を大切に、他者のために生きたいと願いつつ、できないで苦しんでいるのは、「エゴイズム」だったのか、と思いました。身近な子育てについて考えても、子どもの欠点ばかり見て、自分の思うように動かしている自分があります。人に関心を持たない、欠点を見つける、自分の思うように人を動かす、これって楽なんですよね。（中略）エゴイズムを克服すること、とても難しそうです。でも他者と共に他者のために生きたいと思う心も強くなっている自分にも気がつきます。

今月号のご意見に、前号は大村さんの考えが全面に出すぎているというものがありました。確かにシュタイナーの思想を系統的に学びたいというのであれば、何かもの足りないものがあると思います。私自身も、もっともっと彼の思想を学びたいという思いがあって、少しもの足りなさを感じることもあります。シュタイナーの思想は、学ぶこと、すなわち行うことだと、この講座では教えて下さっているのではないかと思うので、具体的に自分が、この社会の中で何をするのか、何をすればいいのか、考えてゆく、そんなきっかけを与えて下さっています。その都度、もっと学びたい人のために書籍の紹介などもしていったらどうでしょう。
〈追伸〉第1、2期は読むだけで、アンケートを出しませんでしたが、アンケートを書くことで、自分の考えがまとめられたり、社会のことに思いをはせることができたりと、この講座とさらに深く向きあえるようになったのでは…と思います。

（岡山県／豊田佳菜枝さん）

★的確なご指摘に感謝します。これからもご自身の思考をまとめるのみならず、読者の皆様との「心の交流」のため、アンケート、ご意見をお寄せ下さい。さて、書籍の紹介に関しては、少々（だいぶ）遅れてますが、『シュタイナーを学ぶ、本のカタログ2002』をほんの木で編集中です。各出版社、約50社強へ、約200冊の本の解説原稿の校正をお願いしており、各社、各編集担当者が皆様お忙しいため、少し予定より時間がかかっています。この本が発刊できれば、シュタイナーを学ぶに当って、必要な本を選ぶ際に大変便利で、わかり易い状況が生まれるものと予測しています。4月にかけ発売にこぎつけられるよう努力していますので、お申し込みになった皆様、出版をお待ちの皆様、もうしばらくの時間をいただきます。いつもすみません。

（編集部）

■テロ事件の重大性、この機に皆が考える必要はよくわかり大村さんの思いも充分伝わりますが、あまりに「トピックス」と、「より良い社会――」との重複部分が多かったので、ブックレットのファンとしては、「さぞかし批判が多いだろうな」と心配してしまいました。ただ、世界の歴史の流れと、アフガニスタンの歴史については、とても面白く、「高校の歴史も一つずつ事件や国をほり下げて、年号を覚えただけ。こんなふうに総合的に流れを学べれば、もっと興味を持ったり、現代とのつながりもわかっただろうな―」と思いました。アフガニスタンについては本当に何も知りませんでした。こんなに知らなかったということがショックでした。全国の学校の先生方にも、こんな授業の機会を作って欲しいです。
　ヘルガ・マイケルズさんにふれながら、大村さんがご自身の結婚生活にもふれておられること…私が知る限り、初めてのことでは？　とてもご家族への配慮も含め、どんなに勇気を出されたことでしょう。実は私は今まで大村さんを「ご自身の努力もさることながら、お子様を残してのアメリカ暮らしを支えて下さる希有（？）なご主人をもたれた、とても幸運な方」と思っていました。そして、それにしては以前書かれた、アメリカ行き前の大村さんの苦しみ、焦燥がピンと来ず、もどかしい思いをすることがありました……。そんな苦しみも乗り越えてこられたんだと、何だか目からウロコ（？）でした。

（石川県／朝野裕美さん）

■第1期から読んでいます。「わたしの話を聞いてくれますか」も一気に読み上げたのを覚えています。とても大きな衝動、感動がありました。しかしブックレットでは、独特な文体、（まどろっこしい繰り返しの多い、センチメンタルなところが多い）に、うんざりすることも多く、投げ出すことがありました。それでも何とかつながってきて、その粘り強さ、しつこさに屈服しました。私も変に開き直って投げ出すのはやめにします。（いつも心の隅に、自分にはできない、そんな使命はない、こんな相手、環境を選んだ浅はかな自分、無力な自分、しょせんこんなもの、どこかで折り合いつけて、楽しむのも必要よ……などと思ってました）

でも、私も自分のエゴイズムを克服したい、しなくてはと切に思います。よその子には決して言わない言葉、思い、まなざしを、我が子にはどうしてしてしまうのでしょう。あの人が明るく、いつも前向きなのは、育ちの良さ、めぐり合った人、環境の良さと、嫉妬ばかりしています。私が良いことをするのは、良い人と思われたいがため、他の人のためより先に、自分なのです。いつも目をつぶって見ないように、意識しないようにしてきましたが、これからは違います。真に他者に帰依する生き方をしてゆくつもりです。

（埼玉県／YHさん）

★ご自分のされていること、してきたこと、そして今後の覚悟を決めようとしていること…文章に込められたお気持ちが伝わってきます。大村さんの独特な文体に屈せず、ぜひこれからもじっくり粘って下さい。また、お便りお待ちしています。

（編集部）

■出来事に出会う→感じる→興味を持つ→調べる→知る→考える→決める→行動するということが、関心を持つということになるのではないでしょうか？　こう書くと簡単そうなのですが、仲々難しい。終わりのない始まり（問題）を無数に感じ、私の皮膚を慣き、息も絶えだえの時、夫が「ゆだねることも大切なんだよ」と教えてくれたことで、呼吸ができるようになった私です。が、少々ゆだね過ぎて、鈍くなっていたと反省しました。テロ以来、自分に問い続けていたこと、「行為について」自分なりに何かがつかめそうです。

ブックレットに限らず、シュタイナーの勉強をしている時、とても充実感を味わう時と、ちょっとこれは遠慮させていただきたいと思う時があります。大村さんを始め、シュタイナーに関わる方の書いた本を読んだり、実習してきましたが、やはり、一人でシュタイナー自身の書いた本や講義録を読むべきだと考え、読み始めました。誘眠本となりそうな気配ですが、第1期よりの講座の積み重ねが助けになってくれています。どうもありがとうございました。（東京都／MSさん）

■今月のトピックス「エゴイズムを克服する」、今を生きている、その現実の中で大切なテーマをありがとうございました。いつも楽しみにしている「わたしの出会った人」、今回のヘルガさんもとてもよかったです。ぜひ、セイクリッド・オイリュトミー、札幌で講座をひらいて下さい！

「理想を捜しつづけた十代の私」もおもしろく読ませていただきました。ただ、全体を読むと、他のテーマと同じようなトーンの文章なので、エクスサイズの部分をもう少し具体的に、読者一人ひとりが試してみることのできる形式に内容をしぼってくわしく書いていただけるとうれしいです。通信講座を通して体験できるように、(むずかしいかもしれませんが)何か練習できるような…そのような部分が毎回あるとうれしいです。

(北海道/KHさん)

■第3号を読みました。大村さんの誠実な人柄と思いますが、「シュタイナー」というより、「ひびきの村通信」&「大村さん個人近況レター」という感じが強く、それはそれで興味を持って読ませてもらいましたが、普遍的な意味での「自分が生きていく力」になる言葉には出会えませんでした。「大人のための…」という通信講座、もっと「学びたい」です。(今は、へえ〜、ふうん、と受け身で読んでしまっています)一回読んだらいいかな…くり返し読んで学ぶブックレットというより、通信ニュースレター読み切りといった感じでした。

それと、第2期に入ってから特に強く感じるのですが、大村さんの「わたしが」「わたしは」がとても多いように思います。実際、大村さんのやってらっしゃる活動は、本当に素晴らしいものだと陰ながら応援させて頂いていますが、誤解を恐れずにいうと、文章のはしばしから、「わたしはこんなにも〇〇している」「苦労してるけど努力しているんですよ」というような印象が謙虚に見えるけれど、強く発せられてる感じがして(ごめんなさい)、どうしても「わたしが」「わたしが」が気になりました。というか、大村さん自身が日記を書くようにして、書きながら考え、気持ちをまとめていってる文章のような所がよくあるのです。もう少し感情だけでなく、そぎ落として本当に必要なことをまとめてほしいです。(あ、でもページ数は気になりませんよ。読める所が深く広くなる分にはうれしいです)失礼承知で書きました。今後とも楽しみにしています。

(奈良県/NTさん)

★心温まる、ご指摘、感謝いたします。NTさんのご感想はFAXで編集部に届けられました。これらもふくめ、アンケート一式は、毎号逐次、大村さん宅にお届けしています。大村さんのこの「心の教室」へのご希望は、「特に、私への様々なご指摘や、厳しいご意見はページの許す限り優先して掲載して下さい」というものです。編集者の方からも、時々、「わたし」を少し削ってくれませんか? とお願いすることもありますが、主語、目的語、助詞等の使い方にとても気を使っていらっしゃることもあり、大村さんらしい文体を構成していると思います。大村さんらしいこの文体は、アメリカで長く生活していらしたこととも関係があるのかもしれません。主語等をあいまいにする日本語に比べ、英語はたいてい主語から始まります。また、「わたしはこんなにやっている……」という感じで受けとめられていらっしゃるNTさんのご感想は、大村さんらしい、自分を内面から表現しているが由の表現上への誤解ではないかな、と私は思います。本当に謙虚なお人柄ですし、ご自身の弱点は、皆さんの前でもはっきりと(例えば講演会)明言をされます。しかし、NTさんのご意見、それをFAXで直言なさってくれた勇気とお心遣いに深く感謝いたします。せっかくこうして出会えたご縁です。何でもざっくばらんにメッセージをし合いましょう。書き手→読み手で終わるのではなく、テニスのように、ラリーをし合えたらうれしいのですが。温かくストレートなご意見、どしどしお待ちしています。

（編集部）

■「ムーンノード」の記事を読んで、自分の過去を振り返った時、第2の「ムーンノード」の頃に第1の頃と同じような体験をくり返し、成長を続けている自分を発見し、〝私も星の光に導かれて生きているんだ〟と感じました。

（兵庫県／増田貴代さん）

■「伊達に移住する」と決意してからも、毎日毎日悩み考え続け、やっと本当に決めることができました。その正しい決意は、すべてを良い方へと導いてくれます。そもそも私が「ひびきの村」へ行こうと思ったきっかけは、第一に子供を「いずみの学校」へ通わせたいということでしたが、その他に、都会で生活するということは、たくさんの人の犠牲の上に成り立っているということに気付いてしまい、少しでも自分の力で生きていけたら……と思ったからです。（中略）その思いを持続し、少しずつでも実現できるであろう場所として、私は「ひびきの村」を選びました。（中略）

ヘルガさんのオイリュトミー、幸運にも参加することができました。ヘルガさんのオイリュトミーに対する考えは、すべてのことに言えると思います。「シュタイナーが死んでからもう、80年も経つのに、たびたび、シュタイナーの残した言葉に固執するだけではいけないと思うし、シュタイナーだってそれを望んでいないと思います。時代に合ったやり方で、変わっていかないと…。「ひびきの村」もそうあって欲しいと思います。そして私もそのお手伝いができたらと思っています。（後略）

（徳島県／二木《ふたつぎ》尚美さん）

■回を重ねるごとに引き込まれます。札幌のニカノールさんの講演会のチラシ、手元に来るのが遅すぎ。（すみません。編集部）アフガニスタンの歴史、今さらながら分かりました。近づいていると感じます、出会いが。「ひびきの村」へ行きたい。大村さんに会ってみたい。シュタイナー思想を行ってみたい。そのうち、時が来れば叶うと信じて待つことも楽しみです。（ニカノールさんの講演会へは友人に行ってもらいました。）

（岩手県／佐藤直子さん）

■この3期3号から会員になったので、1〜3号が一度に届いて、子どももそっちのけで（!?）2〜3日で目を通していました。難しい、重たい、でも興味がそそられました。学生の頃、子安美知子さんの「ミュンヘンの小学校生」をたまたま本屋さんで見つけ読んだところ、おぉーっと思い、手に届く範囲のシュタイナーに関係する本を探し読みました。多分'90年頃と思います。教育から人智学の本に手を出したところ、難しすぎてダウン。その頃の本は捨てきれずにあることはあります。（高くて捨てられない（笑））。子どもができて、（今、3歳10か月と8か月）少しでもできることがあればとまたシュタイナーに関するものを集めても、もともと活字は苦手、不得手、となれば遠ざかり、TV好きの夫を前に自分もTVをみすぎたり、いやになって忘れるようにしていました。

「大人のための」ということで、考えに考えて、会員になってみました。子供のためとか、あまり考えず、自分がどうあるべきか考えながら、勉強していきたいと思います。

（東京都／相良純子さん）

★ご入会ありがとうございます。最近、新しい方の投稿、アンケートがふえ、楽しみです。……いつもアンケートに色々なご意見を下さる方、1期、2期、3期共、ありがとうございます。これからも気楽に思ったこと、感じたままをＦＡＸ、お手紙等でお出し下さい。お待ちしています。
（編集部）

■読みごたえがあって満足感がありました。でもまとまった時間が今取れなくて。（5月に赤ちゃんが生まれて）途中まで読んではまた1からという感じです。もう少しテーマを数多くしてもいいかなーと、いう印象です。（1つのテーマに使うページを少なくし、色々なテーマを……その方がまとまった時間が取れない皆様には読みやすくなる……という意味と受け取りました。……ですよね？　編集部注）

ヘルガ・マイケルズさんの半生で、今輝いてみえる人も、大変な苦労をたくさんされて、一つ一つ、逃げずに向き合って、今があるのですね。天啓を感じるようなものに、早くから出会われていることは、少しうらやましいです。いつかヘルガさんのオイリュトミーを感じてみたいです。ＰＳ“雪印”の産地偽装や、田中外務大臣の更迭など、正しさ、公正さを失っていて、ある意味で今の時代を映しだしているのかもしれません。しかし、子供たちの前に示すには、目をおおいたくなることが多くて、とても悲しい現実です。せめて自分は“良心”に基づいた行動がとれるようにと心に強く決意しました。

（兵庫県／木村優子さん）

■福島県のほぼ中心の位置にある長沼町に住んでいる、2歳の女の子を待つ一児の母です。私の家では、毎年夏に2泊3日の間、東京の子供たち20〜40人をあずかってサマーキャンプをしています。その経験を生かして、将来はシュタイナー幼児教育のショートプログラムのセミナーなどを開催できれば、と思っています。どなたか一緒に開催に向けてご協力いただけませんか。連絡お願いいたします。ＴＥＬ＆ＦＡＸ０２４８・６８・２２２９
（福島県／圓谷《つぶらや》美穂さん）

編集者のページは?

シュタイナーという山の頂きへ登るルートは人それぞれ、厳しいご意見もありましたが……。

●編集者のページは、熱い思いや志が伝わってきて、私は好きです。がんばって下さい。
（京都府／ＫＨさん）

●「すくすく」創刊号を読んで、「ほんの木」さんのことがよくわかりました。「ほんの木」さんが存在しなかったら、「ひびきの村」を知ることもなかったのでは、と感謝しています。編集者さんの本音をどんどん書いていただきたいと思っています。読むのを楽しみにしています。

●人はいつの時代にも平和を願ってきました。真の平和を、武力にたよらない平和を願ってきました。憲法9条は人の願いの結晶のようなものです。日本に住む人だけのものでなく、世界に住む全ての人のためのものになると思います。武力によらない平和なんて、現実的でない、理想論だと言われるかもしれませんが、理想に向かって生きることが大切なのだと私は思います。

（兵庫県／駒田芳さん）

●憲法、軍隊についての議論、興味深く読みました。ただ国を守るために、自分の家族を守るために、（中略）…と、考えている人がけっこうシュタイナーを学んでいる人の中にいるというのは正直驚きました。（後略）

（北海道／国岡まり子さん）

●私の個人的な意見としては、メディアによくある「〜に対して賛成か反対か」的な話はあまり意味がないように思います。世界ではいろいろな現象が起きていますが、大村さんや私たちが今必要としている学びを手助けして、一緒に世界を作る仲間として書いていただけたらいいなと思います。生意気言ってすみません。

（福岡県／安達晴己さん）

●編集者と読者のつながりが感じられていいと思います。

（東京都／大村由布子さん）

●いろいろ考えさせられるテーマでした。これからも考えてゆきたいです。

（兵庫県／ＳＨさん）

●いつも深い内容だと思います。

（大阪府／板垣由佳さん）

●いつも志の高さに感心（ごめんなさい、ピッタリくる言い方がみつからない……）して読ませていただいています。たまには、う〜んとやわらかく。編集長さんがどんな方かのぞいてみたい気もします。

（秋田県／工藤聖子さん）

●柴田さんてどんな人、顔写真をみてみたいです。

（神奈川県／稲垣裕子さん）

●問題提起のページとして、とても楽しみで勉強になります。また、「ひびきの村」以外のシュタイナー幼稚園や学校の見聞録なども期待しています。

（埼玉県／古沢千恵子さん）

●大村さんの考えや人となりが現れている所が、このブックレットの魅力だと思っていますが、それゆえにとても重〜い時があります。とても意地悪で申し訳ありませんが、その上、編集者の考えや人となりが重なると辛くなってしまうことすらあります。とても大切なことを考え、おっしゃっているのに拒否してしまいます。編集者に徹して欲しいです。ごめんなさい、編集者のページをもう少し客観的立場、見解で表現していただけないでしょうか。何かご自身が語りたいのであれば、ご自身の本、もしくは冊子を出して下さい。以前頂戴したほんの木の紹介の本は、とても身近に感じて良かっ

（石川県／ＨＡさん）

たです。

（東京都／MSさん）

●肝心なことほどあいまいに、ぼやけたままにしてきてしまったのではないか、と思います。柴田さんの書かれていた通り、「自由に語り合える開かれた場」は、とても大切です。

（神奈川県／和田都さん）

●活字が小さくて読みにくい。

（兵庫県／増田貴代さん）

●Nさんとのやりとりはおもしろいなと思いました。私はどちらかというと柴田さんの方に近い考えだけを、小さい頃から考えていたと思います。最近、ジョン・ダワー著「敗北を抱きしめて」という本を読んだところだったので、よりいっそう民主主義について考えていたところです。いろんな人の意見を聞いてみたい。

（東京都／相良純子さん）

●ちょっと小難しくてよくわかりませんでした。ツラく、キビしい現実が多いのは重々承知ですが、その中にあたたかで、心がふんわりするような内容も増やしてほしいです。楽しく豊かに育児にとりくみながら、自分も成長したいと願って購読しているのですから。

（兵庫県／木村優子さん）

●中学生の頃、耳にした言葉があります。「戦争で人が死ぬから、地球のバランスがとれる」というものです。人と人が殺し合うのは、どこか遠い空の下での出来事としか考えていず、まして自分には関係がないから、このような言葉を言ったのだろうと思うと同時に、私自身もそう考えていた一人だったのではと、はっとさせられ考え直すきっかけとなりました。知らなければそれで生きていけてしまう日常の中で、問題を提起することは難しく、ましてそれを自分のこととして受け止めるには心が貧しすぎます。そんな幼い心の私が思うことは、我が子には人のいたみのわかる心豊かな人に育ってほしい。真の幸せとは何かわかってほしい、ということ。そしてまっさらな心で、戦争や利権や競争について考えてほしいということです。私ももう一度心を浄化して考える努力をしたいと思っています。どうしても本音とたてまえがあってしかるべきと思えてしまうからです。理想を現実とするにはどうすればよいのか、本気で考えたいと思います。

（福島県／圓谷美穂さん）

★皆様ありがとうございました。編集者が主観的考えを述べることについては、賛否両論です。シュタイナーという頂きに登る道もいろいろなのだ、との思いを深くしました。くわしくは、「編集者だより」に書きます。それと、顔を……とのご要望については、皆様を失望させぬよう、登場を遠慮いたします。ご想像におまかせしつつ……講演会では各地を大村さんとご一緒することが多いですから、いずれお会いすることになります。その時に失望していただく予定です。（柴田）

●私はこのブックレットを手にするたびに、いつも思います。「ああー、すごくパワーアップしてるなあ……」と。大村さんや「ひびきの村」、の皆さん、ほんの木の編集部のパワーの結晶なのですね。私たち読者のために…と、精一杯この一冊一冊をつくってくださるのだと本当に感謝しています。（そのわりに読み切ってない所もあってすみません）会員の意見に真剣に耳を傾けて、本当にみんなで作り上げている感じがします。（後略）（埼玉県／鹿内双美代さん）

●今月号は編集者だよりの方に興味が湧きました。（中略）憲法9条のことも柴田さんの一人相撲ではありません。少くとも私も含めて二人相撲です。「子どもたちの世代に夢や平和がもたらされるか絶望すら感じる」とおっしゃってますが、私はそのことについては楽観しています。世の中が大きく変わっていることにお気付きになりませんか。私もおかげで気付くことが出来たのです。本当にありがとうございます。小さなことからコツコツと、がんばります。（賀前さん略が多くてすみません。　編集部）（兵庫県／賀前知可許さん）

★率直なご意見、「はっ！」とさせられるご指摘。心温まるアドバイス、心から感謝いたします。何度も書きますが、第3期のアンケートや、おたよりには皆様の本音や想いがあふれんばかりに書かれています。充実した「心の教室」になっているのでは？　との思いを、勝手に感じているところです。

初めての方も、ぜひお感じになったこと等をお送り下さい。また、本号の入稿後にお送りいただいたアンケート等は、次号（少し遅くなりますが）にて掲載させていただきます。これからも大勢の皆様のご意見を、楽しみにお待ち致します。

大村祐子さん 講演会のお知らせ　2002年3月

3月21日　東京・四谷「上智大学」　主催：ほんの木

テーマ：「教育から社会を変える」シュタイナー教育が求められていること

●開場：13:00　開演：13:30　参加費1500円（小さいお子さまはご遠慮ください）

●詳しくは、（お申込みも）ほんの木TEL03-3291-3011　FAX03-3293-4776へ

3月24日　岐阜県各務原市産業文化センター（あすかホール）

テーマ：「わたしの子育て論」シュタイナーとの出会いから「ひびきの村」へ

●開場：9:30　開演：10:00　参加費1500円

●詳しくは、(お申込みも)主催者・コープくらしたすけあいの会ぎふ TEL0583-80-3031まで

☆全国各地での、大村さんの講演会を「ほんの木」と共催してくださる方、ご連絡ください。TEL03-3291-5121 FAX03-3295-1080　ほんの木・柴田まで

編集者だより

今年ももりだくさんの話題です。文字が小さくてすみません。話題がカタくてすみません。これからも、最小限のメッセージは書き続けますので、お時間のある方は、しばしお許し下さい。

発行が遅れてすみません。1月も3月も15日になりました。

年末年始をかけ「いずみの学校」新校舎建設、(1月20日完成)、ニカノールさんの講演会(1月27日)と続き、3月号もどうしても入稿が遅れてしまいました。大村さんのスケジュールの厳しさを考慮しつつ無理をなるべくさけて、原稿を書いていただいたためです。本当にいつもすみません。(書いていただく大村さんにも、読者の皆様にも……)また、「らでぃっしゅぼーや」「大地を守る会」の会員読者の皆様にも心よりおわび致します。

ニカノールさんの講演会 拍手が鳴りやまず!

1月27日、札幌女性センターで行われた、フィリピンの人智学運動家、ニカノール・ペルラスさんの2時間の講演、久しぶりに強力な社会運動家の熱気を感じました。(くわしくは、大村さんの今号の記事と、別刷りの講演録をご参照下さい——但し別刷りは、通信講座定期会員の方への付録です)

1月27日、札幌女性センターにて。講演前のひととき。

アメリカへの9月11日のテロ、それを誘発したアメリカ自身の問題、裏側に存在するCIA、中央アジアの石油利権の争い、麻薬が財源となっていること。アフガニスタンとイスラムのジハードとは何か。グローバリゼーションをマクドナルドに例えて、私たちが直面している世界、文明社会を、ニカノールさんは切り取って説明してくれました。今号の別刷り付録へのご感想を、ぜひお寄せ下さい。また、書店等でお求めの読者の方は、送料込実費でご郵送します。とりあえず、ご連絡下さい。(ほんの木☎03・3291・3011 FAX03・3295・1080まで)

※なお、前号まで、ニカノア・パーラスさんと英語読みで表記しましたが、ご本人と確認し、ニカノール・ペルラスさんと表記することにしましたのでご了解下さい。名前を変えたわけではありません。(Nicanor Perlas)

シュタイナー「いずみの学校」校舎がステキにでき上り…

待ちに待った新しい校舎。子どもたちもふくめ、父母、教師、ひびきの村事務局、近隣在住の有志らが協力して、ついに素晴しい校舎が出来上りました。私も工事中、ペンキの下塗りと、やすりかけに少しだけ参加しました。今号「ひびきの村」だよりの写真が、1/6工事中と完成後の1月28日の写真です。子どもたちのうれしそうな姿、顔。廊下を走り回る表情がそれを物語っていました。外は雪、室内はストーブで暖められ、とても快適な学校生活が1月22日からスタートしました。しかし高等部を増設すること、第2幼稚園の場所探しと、大村さんはじめ、「ひびきの村」のスタッフは休まるヒマもありません。何とか、自分たちで自由に使える、制限のない土地を確保し、そこに「ひびきの村」の機能をすべて統合したいということが、大村さんの目下の夢・目標です。が、次から次へと難問が…

…。でも、「ひびきの村」は元気です。

大村さんの講演会について、開催ご希望の皆様へ

3月21日、東京四谷の上智大学で、午後1時半から。24日は岐阜県の各務原《かがみはら》産業文化センターで午前10時から、大村さんの講演会が行われます。（くわしくは153頁をごらん下さい）

3月15日の「いずみの学校」の終了式を最後に、大村さんは、7・8年生の担任を終えます。4月末以後は、なるべく全国を回って、読者の皆様にお目にかかれるよう、積極的に講演会のスケジュール等を組んでゆく予定です。どうぞご希望の方はお問合せ下さい。あくまでも、大村さんへのご負担を軽くし全国を地域別ブロックでスケジューリング調整しながら行いたいと考えています。くわしくは、ほんの木（柴田）までお問合せ下さい。（☎03・3291・5121　FAX03・3295・1080）

なお、ほんの木が主催、または地域の方々との共催とし、経済的リスクをなるべく地域の皆様におかけしないよう工夫できますので、ご一緒に講演会を開いていただける方々をお待ちいたします。

読者の皆様のメッセージがアンケートの表・裏にビッシリ

号をますごとに、第3期は、アンケートや、おたより、FAXなどで、びっしりとご感想やご意見が寄せられています。又、2期とは違って、「初めてアンケートに答えて出した」という方もたくさんいらっしゃいます。本当にありがとうございます。

特に心温まる方々からの、建設的なご意見、ご批判、少し違うのでは？　といった、ブックレットへの内容的なメッセージを多く受け取るようになりました。それだけ読者の方々が熟読していらっしゃることがうかがえます。ありがとうございます。中には、裏面を使ったり、手紙にしたり……ご意見、ご自身の体験や想いなども送られてきます。第3期はそういう意味で、読者の方々との精神的なつながりが濃くなっているのを感じます。

これからも、いつもアンケートを出して下さる方々、（ありがとうございます。毎回書くのもしんどいですよね。すみません。でもうれしいです）初めての方も、より大勢の読者の皆様のお便り、アンケートをお待ちしています。

前号、Nさんとの問題、憲法9条に関して

実はNさんからFAXをいただきました。要旨は、「あのような問題提起のきっかけとされることを止めて下さい」、とのお申し出でした。従いまして、一度ご本人の了解をいただいたテーマなのですが、ご要望に従って、あえて皆様からのご意見をこのコーナーでは取りあげません。どうぞご了解下さい。前号のアンケートで、この「編集者だより」のあり方について、皆様のご意見をいただきました。その中に少し、憲法問題にも関係する記述をされている方がいらっしゃいましたが、最少限度をのせつつ、あえて誌上討論となる形への編集は止めにしました。

編集者とは何か？　についてのほんの木代表、柴田の考え…。

読者の皆様から「心の教室」にある通り、私の「編集者だより」に対しての様々なコメントを頂きました。ありがとうございます。多くの方々から激励やご批判をいただきましたが、「編集に徹せよ」、「自分の意見を述べなければ、本を出してはどうか」とのやや手厳しい、が建設的なご意見もいただきました。

結論を申せば、生意気ですが私は、単なる編集者になるつもりはありません。単にビジネスのみで本を出版する、編集するということを当社の目的にしたり、単に売れるからというだけで、自らの意志と異なる出版もいたしません。私は、民主主義を日本にとの思いで主らが活動したいがために、出版と言論の場をあえて苦しく、厳しくとも仕事として選

んでいます。であるが由に、出版にマッチした環境・エコロジーにふさわしいオーガニック雑貨の通信販売もし、自社のスタッフの生活をギリギリで守りながら、NGO、市民運動、障害者、環境・エコロジー、人権、教育、ボランティアなどをテーマにした出版を16年間続けてきました。振り返れば決して楽な道、簡単に本を出版するとメシが食べられる道をたどって今日まで来たつもりもありません。メシのためなら、今あげたジャンルの本は出せませんでした。正直、この「シュタイナー」というジャンルも含め、出版すれば大勢の人々に簡単に売れる、という本は、ほとんど作れていません。また、本を売るという行為は、どこに読者が存在するのかわからず、大手資本とちがい宣伝や広告も出せず、本当に悲しくなる仕事でもあります。現実は「日暮れて道遠し」でした。今も、来月の赤字に対し、資金調達で頭を痛めています。

もちろん、時間ができたら、そして少しでも資金の余裕があったら、自分で本を書くこともやりたいのです。が今は、資金があるなら、例えば「ひびきの村」で、シュタイナー思想を実践し、教育からより良い社会を創ろうとしている大村さんたちの本を。アマゾンの森を守るNGOなどを。日本の有機農業を前進させようとしている生産者や流通、小売り業の多くの心ある人たちを応援する本を。(この中には、当然「らでぃっしゅぼーや」や「大地を守る会」も入ります)そして、より公正な世界を目指す多くのNGOや市民運動家らの本を、自ら探して出版し、それを必要とする(あくまで、その本の本当に意味する所を必要とする)読者に届けたいと思っています。ささやかですが、私に与えられた役目と考えて、それを仕事にしているのです。従って、「ほんの木」の出版物は、無思想であったり、主張のないものや中立的な本は出しません。大村さんにも、私は「どうしてもこの人を世に広めたい。大村さんなら教育改革をやってくれる」との確信と信頼から、単行本やブックレット・シリーズをお願いしました。今月号の大村さんの決意を読むまでもなく、やはり思った通りの方だったと、私は自分の編集眼を生意気ですが再認識しています。大村さんの独自の視点によるシュタイナー思想・教育が、私たち「ほんの木」の共感を引っぱり出したと考えます。従って、私たちは、シュタイナー本なら誰でも何でも出版する、という考えはありません。

言論、出版は色々あります。皆様もそうであるように、私は私の思想の中で生き、この仕事を誇りにしています。そしてこの、「編集者だより」でも主張をしてゆくと思いますし、もしかすると、いつか何か新しいメディアを……という挑戦意欲もない訳ではありません。と言いながらも、読者のどなたかに、私の主観ゆえに不快なことや、ご迷惑をおかけしたとすれば、そのことは申しわけなく思っています。どうぞこのコーナーは笑って飛ばして下さい。

私の考えは、市民社会用語でいえば、ニカノールさんと同じく、オルタナティブ側に位置しています。ですから、恐らく日本の中では少数者です。従って「ほんの木」は少し市民運動側に片寄っているかもしれませんので、ご容赦下さい。ですが、いつかこの日本でも、私たちが思い描くオルタナティブな市民社会こそが、公正な民主主義を実現する社会の礎であるということが見えてくるだろうと信じています。

私たちの次の、その次の、もっと先の世代のために「ほんの木」はこれからも発言し続けます。どうかお許し下さい。

あい変わらずの堅くるしい勝手な内容を書いてしまい、すみません。(柴田)

ページ増で苦しいよ~!となげきつつ、やっぱりページ増。

今月も、「勉強会」だよりをカットしてしまいました。第1期の1号が(「よりよく自由に生きるために」)80ページでしたから、少しずつページが増えて、約2倍になっています。正直、会員減でコストはきついです。が、お伝えしなければならないことを優先して、私たちもふんばります。できればご友人の方にどうか、お広め下さい。

「ひびきの村」のことを少し書いてみました。

「ひびきの村」がNPO法人になったことは前号ですでにご承知のことと思われます。そして何と、私、柴田敬三もその監事という役をおおせつかっています。つまり、NPO法人「ひびきの村」の一員ということなのです。「京田辺シュタイナー学校」をはじめ、「東京シュタイナーシューレ」、「ひびきの村」と、それぞれNPO法人の資格を取りました。さらに開かれた学校、組織、共同体へと広がってゆくことでしょう。

この通信講座を通して、「ひびきの村」の大村さんやスタッフが見すえている未来を、読者の皆様にお届けし、読者お一人おひとりのお役に立てれば幸いです。

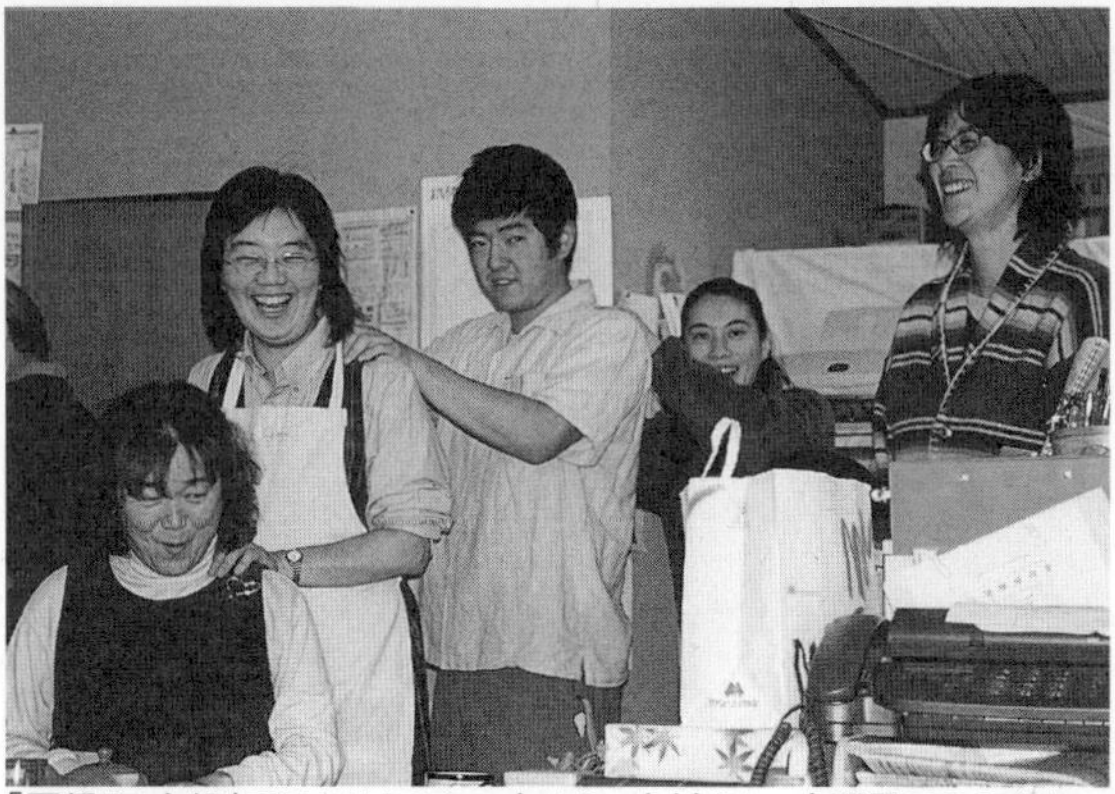

「肩凝り4人組」ではありません。左から、大村さん、小野里このみさん、大村次郎さん、市川聡子さん、そして杉本啓子さんです。（事務所にて）

北海道新聞　2002年（平成14年）1月19日（土曜日）

シュタイナー教育実践の伊達「ひびきの村」

NPO法人認証 フリースクールに

不登校児も受け入れへ

【伊達】市内でシュタイナー教育を実践している共同体「ひびきの村」（大村祐子代表、事務所・末永町）がこのほど、民間非営利団体（NPO）法人として認証された。これを契機に、全日制のフリースクール「シュタイナーいずみの学校」として再スタート、不登校児も受け入れることになった。二十日には、スクールの設立総会を松ケ枝町のプレハブ新校舎で開き、新学期を迎える。

「ひびきの村」は一九九六年十一月に発足。オーストリアの思想家ルドルフ・シュタイナーの教育理念に基づき、無認可の幼稚園や全日制の「いずみの学校」などで教育活動を続けている。

「いずみの学校」は、九九年の開設当初は生徒が二人だったが、年々、全国から生徒が集まり現在は三十人。しかし、宗教団体と誤解されることもあったため、公的に認知されるNPO法人を取得。併せて、シュタイナー教育の賛同者だけでなく、不登校児なども受け入れることにした。校舎も関内町の元産院跡から、図書室を備えた松ケ枝町のプレハブに移る。

代表の大村さんは「不登校の子どもには、学習の障害となっている理由を個別に見極めることが大切。学ぶ楽しさの実感を重視するうちの教育実践を役立てたい」と話している。

シュタイナー教育　「自分で自分をしっかりとらえ、一番深い内部の欲求から自覚的に行動すること」を「自由」ととらえるのが特徴。その「自由」への教育を実践することを理念としている。

新聞切り抜きの上にある写真は、学研で発行された「シュタイナー教育入門」や「0歳から7歳までのシュタイナー教育」を編集した、フリーで活躍する名編集者（と私は高く評価している）戸谷晃一さんが、私と一緒に「ひびきの村」を訪れたとき撮ったワンショットです。大村さんたちの日常風景が、大村さんとスタッフの笑顔の中に表現されている写真でしたので、掲載させていただきました。（なお、大村さんが肩こりである、という事実も表わしているのですが）

※ほんの木へのお問合せは、☎03・3291・5121　FAX03・3295・1080までお願いいたします。（担当・柴田）
おたよりは〒101-0054　東京都千代田区神田錦町3の21　三錦ビル「ほんの木」まで

次号は5月1日発行を目指し頑張ります。

※「ひびきの村」祭りイン東京に関してはクリスマス頃を予定しています。内容検討中です。もうしばらくお持ち下さい。

大村祐子さんのプロフィール

1945年北京生まれ。東京で育つ。1987年、カリフォルニア州サクラメントのルドルフ・シュタイナー・カレッジ教員養成、ゲーテの科学・芸術コースで学ぶ。'90～'92年までサクラメントのシュタイナー学校で教え、'91年から日本人のための「自然と芸術コース」をカレッジで開始。1996年より教え子らと共に、北海道伊達市でルドルフ・シュタイナーの思想を実践する日本で初めての共同体「ひびきの村」をスタートさせる。1998年帰国。「ひびきの村」代表。著書は、1999年6月スタートのこの通信講座シリーズの他に1999年3月発売「わたしの話を聞いてくれますか」、「ひびきの村 シュタイナー教育の模擬授業」、「創作おはなし絵本」①②（すべて小社刊）などがある。
「シュタイナーいずみの学校」7・8年生担任教師。

EYE LOVE EYE
視覚障害その他の理由で活字のままでこの本を
利用できない人のために、
営利を目的とする場合を除き「録音図書」「点字図書」「拡大写本」等の
制作をすることを認めます。
その際、著作権者、または出版社までご連絡下さい。

大人のためのシュタイナー教育講座
第3期　NO.4（通巻No.16）
シュタイナーに学ぶ
「グローバリゼーションと人智学運動」
2002年3月15日　第1刷発行

著　者　大村祐子
発行人　柴田敬三
発行所　株式会社ほんの木

〒101-0054東京都千代田区神田錦町2-9-1　斉藤ビル
TEL03-3291-3011
FAX03-3293-4776
郵便振替口座　00120-4-251523　加入者名　ほんの木
印刷所　（株）チューエツ
ISBN4-938568-96-9
© YUKO OMURA 2002 printed in Japan

●製本には充分注意しておりますが、万一、乱丁、落丁などの不良品がありましたら、恐れ入りますが
小社あてにお送り下さい。送料小社負担でお取り替えいたします。
●この本の一部または全部を無断で複写転載することは法律により禁じられていますので、
小社までお問い合わせ下さい。
●当社と著者の方針により、森林保護及び環境ホルモン対策のため、本書は本文用紙は100%古紙再生紙、
カバー及び表紙は古紙率40%。インキは環境対応インキ（大豆油インキ）、カバーはニス引きを使用しています。

大村祐子著・近刊のお知らせ

2000年5月頃発売予定

予約受付中

予価 1,890円（税込）
送料無料

新しい人生は、7年ごとにやってくる

free yourself for a better life

人生はいつでもやり直せるのです。

◆運命は、あなたが「したこと」の結果です。運命を受け入れることによって、新しい運命と未来をあなたは創ることができるのです。

◆あなたの人生はあなたが主人公であり、「意志」と「感情」と「思考」の主人公なのです。

シュタイナーの説く「人生の7年周期」を、わかりやすく現代の社会に照らし合わせ、大村さんの体験に基づいて書き下ろします。

「苦悩と困難こそが、真理へ続く道をあなたに示すのだ」

ルドルフ・シュタイナー

大村祐子プロフィール

1945年生まれ。シュタイナー思想を実践する共同体「ひびきの村」代表。「いずみの学校」7・8年生担任教師。「自然と芸術と人智学コース」「教員養成コース」教師。主な著書に半生を綴った『わたしの話を聞いてくれますか』『シュタイナーに学ぶ通信講座』などがある。

ご注文・お問い合せは

TEL.03-3291-3011
FAX.03-3293-4776
Email.info@honnoki.co.jp
東京都千代田区神田錦町2-9-1
斉藤ビル（株）ほんの木

大村祐子作　**シュタイナー教育が生んだ**

創作おはなし絵本シリーズ1·2巻新発売！

大村祐子作の絵本シリーズがスタート

ひびきの村「小さな絵本」シリーズに、新作が加わって、1・2巻がいよいよ発売になります。ファンタジーあふれる絵本が11月上旬発売です。季節にそった春夏秋冬の4つの物語がそれぞれ1冊にまとめられました。オール・カラーのイラストは「ひびきの村」の杉本啓子さん。「ひびきの村」から初めての、シュタイナー教育が生んだ創作絵本です。

11月上旬発売

カラー版　創作おはなし絵本1
「雪の日のかくれんぼう」他3作

・著者　大村祐子（ひびきの村代表）
・イラスト／杉本啓子
・定価　1,680円（税込）
・サイズ　四六判　上製　80ページ

◆spring　春の妖精
◆summer　草原に暮らすシマウマ
◆autumn　ずるすけの狐とだましやのマジシャン
◆winter　雪の日のかくれんぼう

PICTURE BOOK BY YUKO OMURA

11月上旬発売

カラー版　創作おはなし絵本 2
「ガラスのかけら」他3作

・著者　大村祐子（ひびきの村代表）
・イラスト／杉本啓子
・定価　1,680円（税込）
・サイズ　四六判　上製　88ページ

◆spring　大地のおかあさんと根っこぼっこのこどもたち
◆summer　ガラスのかけら
◆autumn　月夜の友だち
◆winter　ノノカちゃんと雪虫

絵本のお申込みは、「ほんの木」までお願いいたします！

送料無料でご自宅までお届けいたします。
お支払いは、絵本をお届けした後、1週間以内に同封の郵便振替用紙にてご入金ください。
TEL.03-3291-3011／FAX.03-3293-4776／Eメールinfo@honnoki.co.jp
〒101-0054　東京都千代田区神田錦町2-9-1 斉藤ビル3階　（株）ほんの木